바지런한 끼니

바지런한 끼니

홈그라운드에서
전하는 계절의 맛

안아라
산문집

안온

프롤로그

이 계절에 무얼 먹을까

드라마마다 반복해 등장하는 장면이 있다. 어떤 상황이든 어떤 갈등이 있든 항상 함께 밥을 먹는 것이다. 메뉴는 찌개와 반찬이 있는 한식 백반. 가족 구성원이 모두 식탁에 자리하면 어머니가 보글보글 끓는 찌개를 식탁 가운데 놓으며 이야기를 시작한다. 구성원들은 밥을 먹는 둥 마는 둥 하며 당면한 갈등에 대해 떠든다. 나는 잘 차린 밥을 대충 먹으며 이야기를 나누는 그 장면이 자못 못마땅했다. 밥과 찌개가 식고 있지 않은가. 인물들이 말없이 밥만 먹으면 드라마가 아닌 걸 알면서도 밥에 집중하지 않는 장면에 내가 다 안절부절못했다.

혼자 살게 되면서부터, 게다가 코로나 이후로는 한 냄비에 담긴 찌개에 여럿이 숟가락을 넣으며 나눠 먹는 일이 아득하다. 중학생 시절까지는 저녁마다 식구들이 모여 준비된 음식을 같이 먹었다. 가족들은 드라마와 달리 대화를 나누기보다는 음식의 맛에 빠지거나 허기를 채우는 데 집중했다. 조용히 입에 밥을 넣으며 식탁 너머 티브이에서 나오는 소리를 들었다. 그때 생긴 습관일까. 밥상머리에서 말이 많은 것에 어색함을 느낀다. 언젠가 드라마 속 식사 자리에서 돈이니 꿈이니 행복이니 하는 이야기를 실컷 나누는 가족에게 어머니는 국을 뜨며 말씀하셨다. "조용히 해. 밥이나 먹어. 밥에 행복이 있는 거야!"

우여곡절 끝에 식당에 취직해 남에게 내는 음식을 만들면서 가족과의 식사가 더욱 또렷하게 기억났다. 다행이었다. 계절마다 새로운 메뉴를 개발하고, 매일 다른 음식을 만드는 데 어릴 적 경험은 꼭 필요한 참고서니까. 남도에서 나고 자라 계절 따라 많은 재료를 다양한 방식으로 맛보며 체득한 것들이 큰 힘이 되었다. 누군가가 직접적으로 알려준 것은 아니었다. 그저 가족과 함께한 일상이 내 몸에 스민 것이었다.

예를 들면 이런 것이다. 휴일이면 아버지는 다 읽은 신문지를 넓게 폈다. 그 위에 뿌리가 두껍고 긴 남해 시금치를 쌓고 흙을 털었다. 이어 과도로 시금치의 잔뿌리를 제거했다. 어린 나는 그 옆에 앉아 아무 말 않고 칼을 쥔 아버지의 손놀림을 구경했다. 그러다 심심하면 옆에서 시든 잎을 떼고, 콩나물이나 고구마 줄기 다듬는 걸 따라 했다. 쭈그려 앉아 겨우내 먹을 유자를 써는 어머니 옆에서 설탕에 막 절인 유자를 집어 먹거나 엄마가 썰기 좋게 유자 씨앗을 미리 빼놓았다. 아빠가 깊은 프라이팬에 생참깨를 털어 넣고, 주걱으로 조심스레 저어가며 약불에서 깨를 볶는 것을 구경하다 아, 입을 벌리면 막 볶은 따끈한 참깨가 입안 가득 들어왔다. 단단하게 마른 김을 여러 장 겹쳐 앞뒤로 뒤집으며 가스 불에 굽기도 했다. 구운 김은 부엌 가위로 김 통에 맞게 잘라 채워 넣으면, 매일 저녁 밥상에 간장과 함께 올랐다. 봄이면 나물을 손질해 무쳤고 여름이면 쌀보다 면과 과일을 가까이했다. 가을이면 저장해둔 마른 나물을 불려 무치거나 기름에 지졌고, 겨울이면 뜨끈한 차를 끓여두고 집 안 가득 유자 향이 찰 정도로 청을 담갔다.

"어이! 저녁에 머슬(무엇을) 사다 해묵을까?"

무엇을 먹을까 하는 문제는 집안 어른들의 가장 잦은 대소사였다. 먹는 이야기라면 죽이 잘 맞는 어른들을 둔덕에 어린 나는 이런저런 음식을 신나게 맛볼 기회가 많았다. 아직도 종일 식재료를 손질하던 어른들의 모습이 생생하다. 내가 아는 어른들은 먹을 것을 잘 챙기는 일을 부양의 의무로 여겼던 듯하다. 그런 어른들이 선사한 기억이 지금까지 나를 먹여 살릴 줄 그때는 몰랐다.

'밥에 행복이 있다'는 말은 곱씹을수록 온당하다. 누군가에게는 매일 해치워야 하는 지겨운 의무겠지만, 그럼에도 밥은 가장 쉽게 찾을 수 있는 행복이다. 매일 같은 식탁에서 무엇을 먹을지, 어떻게 살아갈 기운을 얻을지 함께 궁리하는 일은 공통의 감각과 연대감을 형성하게 한다. 음식은 오감으로 통하는 언어다. 먹는 이야기는 호기심과 공감대를 쉽게 끌어내며 마음의 장벽을 낮춘다. 드라마 속 별의별 가족과 현실 속 평범한 가족 모두 숱한 갈등에도 식탁에 둘러앉아 이야기를 나누게 되는 것은 찌개와 반찬,

흰밥이 뿜어내는 아로마 테라피 때문일 것이다. 이 테라피 덕에 나는 친구가 늘어났고, 타인(손님)을 향한 두려움이 옅어졌다. 상대가 누구건 '당신은 내가 한 밥 먹는 사람'이라고 생각하면 이상한 용기가 생겨났다. 알 수 없는 미래를 걱정하기보다는 당장 오늘 무얼 먹을지 더 궁리하게 되었다.

봄이면 나물을 먹고, 여름에는 시원한 국수를 가까이한다. 사람의 몸과 입맛은 날씨와 계절에 맞게 순환한다. 순환에 따라 만들고 먹는 삶은 야망과 성공, 과업과 해결의 길에서 벗어나는 일이기도 하다. 삶은 매일 바뀌는 날씨 안에 있다. 그 삶을 통과하는 데 여기 있는 잔꾀와 먹성, 지지부진하고 궁상맞은 사연들이 도움이 되길 바란다.

차례

| 프롤로그 | 이 계절에 무얼 먹을까 ⋄ 5 |

일의 맛

시급한 봄 ⋄ 15	두릅피클 ⋄ 22
개와 나 ⋄ 24	개와 함께 먹는 채소고기찜 ⋄ 32
불안을 없애는 방법 ⋄ 35	영양잡곡밥 ⋄ 42
김밥 인생 ⋄ 46	감태흑임자김밥 ⋄ 51
국물은 얼마든지 ⋄ 53	아욱표고감자된장국 ⋄ 60
남에게 끼니를 맡기다 ⋄ 62	버섯피클냉국수 ⋄ 67
덩어리로 돌아가는 시간 ⋄ 71	핑크 후무스 ⋄ 76
일의 맛 ⋄ 80	카레쳐트니와 렌털요거트카레 ⋄ 86
살림, 우리가 사는 방법 ⋄ 94	엄마의 감자된장국 ⋄ 98
바쁨의 얼굴 ⋄ 101	정원초밥 ⋄ 106
시장으로부터 ⋄ 111	봄나물보리비빔밥 ⋄ 117
체크리스트 ⋄ 122	콜리플라워수프 ⋄ 125

살아갈 기운

고향 음식 · 131	매생이보리리소토 · 138
밥 잘 차려주는 언니들 · 140	후다닥프리타타 · 146
선선한 바람이 불어오면 · 150	채소고기와인찜 · 156
정령 대 이동 · 160	라임바질캐슈 마요네즈와 샐러드 · 166
훌륭한 유부초밥 · 170	보경의 유부초밥 · 176
내 친구 에이코 · 181	에이코의 감자샐러드 · 188
국수 격전지 · 192	매실고추장비빔국수 · 196
복숭아 언니 · 199	복숭아홍차시럽 · 207
만두만두만두 · 209	보경의 만두 · 214
함께 식사 · 218	헤니의 사과타르트 · 226

에필로그

음식과 자세 · 230

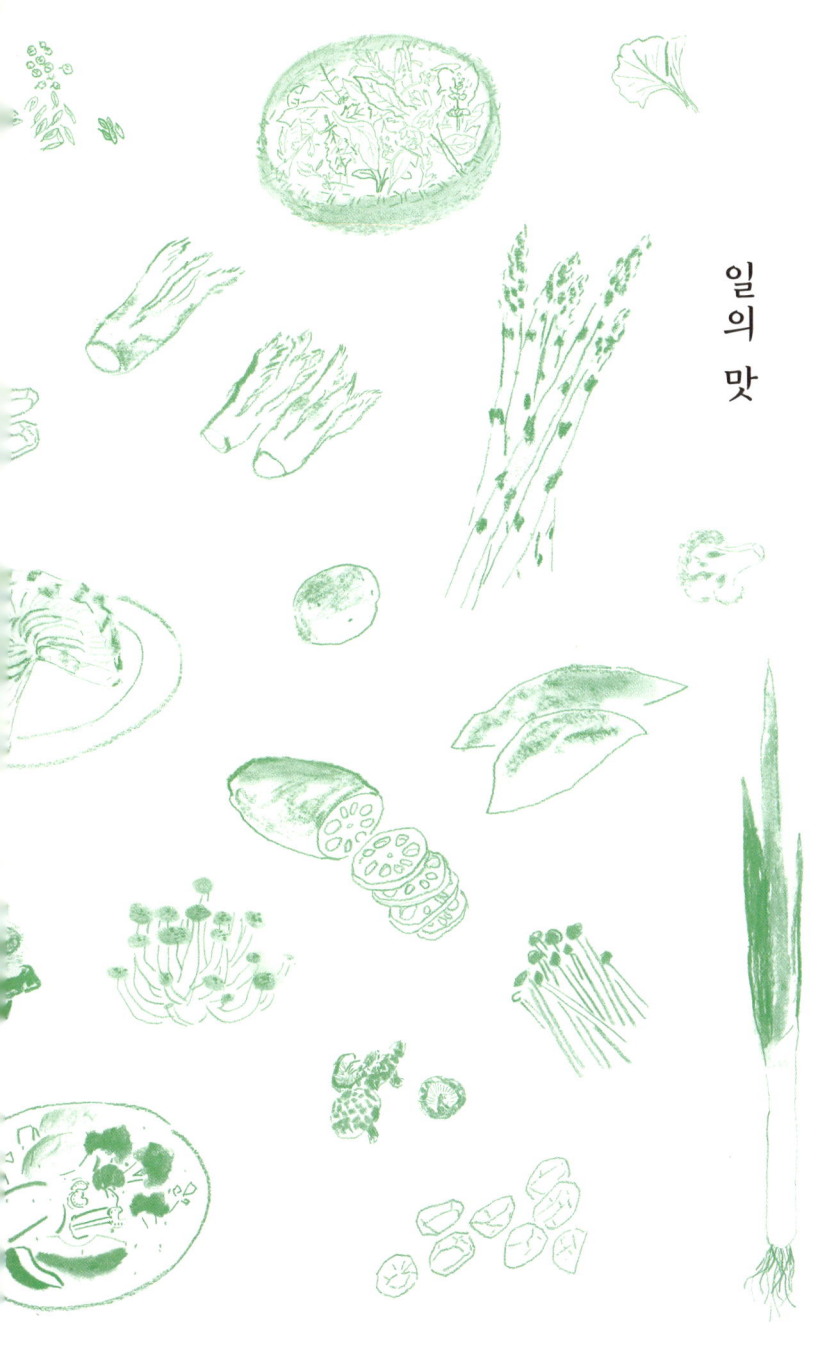

일의
맛

시급한 봄

'시급한 봄나물'이라는 제목으로 손님들에게 뉴스레터를 보냈다. "그간 모두 무탈하게 지내셨나요?"라는 안부로 시작하는 글이었지만 정작 나는 '무탈하다'라는 인사가 무색하게도 전염병과 심리적으로 대치 중이었다. 음식을 하는 사람이 마스크를 쓰고 비말을 차단하는 세상에서 과연 살아남을 수 있을지 막막했다. 소설에서나 보던 기구한 운명의 신이 발치에서 내게 종말을 선고하는 듯했다.

무탈하기 위해서는 그 무한한 막막함과 공포감을 다스릴 방도가 시급했다. 나는 동네 친구와 '아침 산책'을 시작했다. 오랜 기간 올빼미처럼 살았던 나로서는 큰 결심이었다. 그날 태울 나무를 모으러 가는 나무꾼의 심정으로 매일 아침 6시에 기상했다. 처음에는 적응하지 못해 거의 울면서 일어나는 지경이었다. 그리고 친구에게 문자를 보냈다.

굿모닝! 7시 30분 오케이?!

같이 사는 개도 처음에는 힘들어하더니 어느덧 내가 "지연 언니!" (산책 동무의 이름이다) 부르면 그 소리에 벌떡 일어나 몸을 쭈욱 펴며 나갈 채비를 했다. 아침에 내린 진한 커피를 들고 눈곱도 못 뗀 채 개와 함께 집 앞 언덕을 올랐다. 상쾌한 공기가 몸에 들어왔다. 개도 신나게 뛰었다. 밝고 차가운 아침 에너지에 전염병이니 바이러스니 하는 것들도 모두 별것 아닌 듯 여겨졌다.

산책을 시작하고 나서야 도심 한가운데 가장 가파른 동네를 품은 산에 감사한 마음이 생겼다. 마른 가지 사이로 둥둥 떠오른 진분홍의 진달래가 낭만적이다. 말랑거리는 땅을 밟으면 풀 내음이 올라온다. 발밑은 자잘한 쑥과 여린 원추리 천지다. 여린 쑥은 잘 골라 떡을 해 먹고, 보들보들한 원추리는 데쳐서 들기름에 무쳐 먹으면 얼마나 달고 맛난지 모른다.

쑥은 잠시 나를 어린 시절로 돌아가게 한다. 봄만 되면 어머니는 옆집 아주머니와 집 근처 야산으로 부지런히 나물을 캐러 갔고 주말이면 온 가족이 함께했다. 야산 깊숙이 양지바른 곳을 찾아 걷다 보면, 막 잠에서 깬 실뱀과 펄떡펄떡 뛰는 개구리도 만날 수 있었다. 부모님은 어린 우리에게 어떻게 나물을 고르고 뜯어야 하는지 자세히 알려주었다.

해가 중천에 떠 등과 정수리가 뜨뜻해지고 후끈한 공기가 지겨울 무렵이면 대야 가득 나물이 찼다. 머리에 대야를 얹고 집에 돌아와 대충 뜯어 봉지에 욱여넣은 쑥을 신문지 위에 가지런히 펼쳤다. 쑥이 아닌 잡풀이나 지푸라기를 고르며 누가 누가 더 잘 캤는지 아버지가 점수를 매겼다. 그게 뭐라고 이기면 기분이 좋았다. 어머니는 한나

절 고른 쑥을 잘 씻고 볕에 말려 떡집으로 향했다. 그리고 며칠 뒤 반가운 말씀을 하였다.

"애들아, 너희가 뜯은 쑥으로 만든 떡 좀 먹어봐. 맛있다!"

우리가 열심히 캔 쑥이 한 상자 가득 따끈한 쑥떡으로 변한 게 신기해 한참 쳐다보다 입에 넣었다. 남은 떡은 냉동실에 보관하다 낮이나 밤이나 입이 궁금할 때 몰랑하게 녹여서 먹었다. 또 프라이팬에 떡을 지지면 겉은 바삭하고 속은 말랑해지는데 고소한 콩고물과 진득한 조청을 푹 묻혀 입에 넣으면 텁텁 고소 달콤 향긋한 야산의 봄이 입에 가득했다.

그때의 짙은 맛과 향의 쑥떡을 먹어본 지 오래다. 중금속이니 미세먼지니 하여 나물 캐기가 영 께끄름할 때도 많았다. 따가운 볕을 받으며 앉아 쑥을 캘 용기도 여유도 없었다. 대신 봄이 되면 전통 시장으로 향한다. 원추리와 쑥뿐 아니라 온갖 산나물이 그득한 나물 가게가 그곳에 있다. 가죽나물, 눈개승마, 땅두릅, 은달래 등 그곳에서 새로 알게 된 풀과 뿌리의 생생함을 조금씩 맛보고 한 봉지씩 담는다. 그렇게 나물을 고르다 보면 금세 한 짐이다.

 몇 해째 봄나물을 장 보면서 언제 어떤 것을 먹어야 하는지 자연스레 알게 되었다. 찬바람이 불 때는 뿌리에 단맛이 잔뜩 차오른 냉이와 시금치 그리고 여리고 향긋한 쑥을 먹어야 한다. 울릉도의 봄을 알린다는 전호나물은 쑥갓처럼 향긋해 날것 그대로 샐러드에 쓴다. 조금 지나서는 두릅이 잔뜩 나오는데 두릅의 쓴맛은 정신을 번쩍 들게 해 춘곤증을 날리기에 안성맞춤이다. 그리고 미나리! 미나리는 사시사철 먹을 수 있게 되었지만, 봄 미나리의 부드러움과 향은 그야말로 일품이다. 요즘 한국의 칼솟이라는 별명을 얻은 풋마늘은 통째 구워서 단맛을 즐긴다. 그러다 여름이 가까워지면 풀은 억세지고 쓴맛이 강해진다. 그럴 때 4월 말부터 6월 사이 나오는 마늘종을 사 온다. 소금만 뿌리고 볶아도 아주 달고 부드러워 끝도 없이 입에 들어간다. 이렇게 먹고, 먹고, 먹다 보면 금세 여름이 온다.

 봄은 짧다. 요즘은 기후 위기로 말도 안 되게 더 짧아졌다. 그래서 봄만 되면 나물 먹보는 마음이 급하다. 어머니는 나물에 곁들일 견과류로 참깨나 들깨를 썼지만 서양 요리를 공부한 나는 나물마다 피스타치오, 아몬드, 잣, 땅콩, 마카다미아 등 어울릴 법한 새로운 재료를 궁리하느라 바쁘다. 볶을지 갈지 절일지 곰곰 고민한다. '페스토'의 주인공을 허브에서 나물로 바꿔본다. 여린 잎과 줄기는 양념해 무쳐 먹고, 남은 것은 시들기 전에 갈아 소스로 저장한다. 두릅, 죽순, 아스파라거스와 같은 단단한 순은 바로 볶거나 데쳐 고소한 풍미를 즐긴다. 남은 것은 한식으로 치면 장아찌라 할 수 있는 피클로 만든다. 짧은 봄을 길게 저장하는 방법이다. 여름이 오면 시원한 두릅피클을 꺼내 파스타나 냉국수와 함께 먹으며 시급히 가둬놓은 봄을 다시 만난다. 이렇게 봄이 다 갈 때까지 나의 주방은 나물 연구실이 된다.

정신을 못 차리고 산더미처럼 짊어지고 온 나물을 펼쳐놓고 심호흡한다. 나물 다듬기만큼 묵은 생각을 정리하기 좋은 일이 없다. 사이사이 낀 흙을 털고 잔뿌리와 질긴 섬유질을 벗겨내 반짝반짝해진 나물을 가지런히 할 때면 이런저런 시답잖은 생각들은 풋풋하고 싸한 풀내음에 금세 잊힌다. 풀 맛이 궁금해져 고운 연두색을 툭툭 털어 입에 넣는다. 보기보다 씁쓸하고 고소한 맛이 나는 이것을 어떻게 요리할까, 시급한 봄에 하는 느긋한 고민이다.

두릅피클

피클

· 아스파라거스 100그램

· 두릅 7덩이

피클액

· 물 300밀리리터

· 설탕 85그램

· 현미식초 120그램

· 레몬즙 15그램

· 소금 6그램

· 크러시드레드페퍼 1/2작은술,

· 겨자씨 1큰술

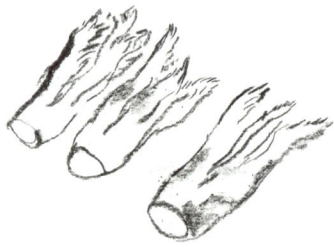

1. 두릅은 4센티미터 길이로 자른다. 이때 두꺼운 밑부분은 크기에 따라 세로로 2등분 또는 4등분한다.

2. 아스파라거스는 끝이 단단한 부분이 있으면 제거하고, 길게 반으로 가른 후 두릅과 같은 길이로 자른다.

3. 끓는 물에 두릅과 아스파라거스를 살짝 데쳐 찬물에 담갔다가 물기를 적당히 제거하고 병에 담는다.

4. 피클액 재료들을 모두 냄비에 넣고 중불에 올려 한 번 끓인 후 준비한 야채에 붓는다.

5. 실온에서 다 식으면 냉장고에 저장해두고 먹는다.

6. 두릅 향이 밴 피클액은 버리지 않고 올리브오일이나 들기름과 섞어 생풀을 무쳐 먹는 데 쓴다.

✱ 저장은 밀봉이 가능한 내열 유리 용기를 사용한다.

개와 나

어릴 적 개, 고양이, 새, 금붕어 등 다양한 동물과 함께 살았다. 식물까지 합하면 꽤 북적거리는 집이었다. 내게 집은 부모님이 틀어두었던 티브이 소리와 집 곳곳을 돌아다니는 동물의 발톱 소리가 들리는 곳이었다. 혼자 살면서는 길에서 만난 고양이 두 마리와 함께하게 되었다. 같이 나이가 들었지만 나보다 먼저 아프게 된 그들을 간병해야 했다. 고양이들을 차례로 보내고 돌아온 집에서 마주한 것은 생경한 적막함이었다. 나 아닌 다른 생명체가 내는 소리가 내 인생 전체를 감싸고 있다는 사실을 그날 알았다.

아픈 고양이들을 다양한 방법으로 치료하고 보살피며 나 자신에게 질문했다. '사람에게 동물을 마음대로 기를 자격이 있는가?' 자연스레 죽음에 가까워진 동물을 병원에 데려가 다양한 공포와 고통을 주고 약물을 투여해 잠시간의 평안을 주는 게 부자연스럽고 불합리하게 느껴졌다. 고양이의 눈빛은 통원을 적극적으로 거부하는 것으로 보였다. 긴급히 수혈받는 피도 다른 동물의 고통을 수반한 것임을 알기에 마음이 편치 않았다. 기어이 다가온 죽음의 날 이후 고요함에 묻혀 지냈다. 그러나 얼마 지나지 않아 어느덧 구조가 필요한 동물의 정보를 올리는 '포인핸드' 앱을 샅샅이 뒤지고, 여러 구조 단체의 계정을 들여다보며 같이 살 동물을 살피는 나를 발견했다. 도움이 필요한 아이들을 집에 들이는 것이 내가 느낀 불편함에 대한 변호가 될 것 같았다. 무엇보다 동물과 나눈 친밀감과 안정감이 사무치게 그리웠다.

그렇게 몇 달을 지켜보던 중, 한 사설 쉼터 계정에 올라온 '베뉴'라는 개를 보았다. 길과 보호소 생활을 한 개라고 보기 어려울 정도로 사진 속에서 기분 좋은 표정을 짓고 있었다. 몇몇 친구에게 개의 사진을 보내며, 의견을 물었다. 들으나 마나 다들 찬성이었다. 16년이 넘는 시간을 고양이들과 고양이처럼 살다 갑자기 개를 마음에 넣는 것이 의아하긴 했지만, 그 개가 마음에 콕 박힌 터라 반나절 고민하다 입양을 문의했다. 입양의 악조건인 '혼자 사는 여성'이라는 점을 어떻게 보완하고, 믿음직스러운 반려인임을 증명할지 나름의 전략도 세웠다. 예쁜 개는 이미 여러 사람의 마음을 흔들었던 터라 입양 인터뷰를 담당한 봉사자는 이미 여러 사람을 인터뷰했다고 했다. 그가 하는 다양한 질문에 성실히 답변하고 입양신청서를 제출했는데, 감사하게도 그는 내가 개의 반려인으로 적임자임을 예감했다고 해주었다. 개를 보러 와도 된다는 응답을 듣고 바로 쉼터가 있는 순천으로 향했다.

양지바른 쉼터에 도착하니 개들이 방문객을 반기며 짖어댔다. 가슴이 뛰었다. 개와 나 모두 어색한 상태로 인사했다. 개를 차에 태워 집으로 향할 때, 낯선 상황에 심하게 떠는 존재가 가여워 친구와 함께 달래고 달랬다. 그리고 새로운 이름을 불러주었다.

"베라야."

오랜 이동 후 집에 도착해 자고 일어났는데 아직은 낯선 생명체가 꼬리를 살랑살랑 흔들며 아침에 일어난 나를 신기한 듯 바라보았다. 기분이 묘한 동시에 두려움이 일었다.

'내가 또 무슨 일을 저지른 것이지? 앞으로 적어도 15년 이상의 시간이 내 앞에서 꼬리를 흔드네?'

이후 우리 둘에게 많은 일이 있었다. 개는 쉼터에 있을 때보다 더 자랐고 잔병들도 사라졌다. 나를 서서히 믿을 수 있는 사람으로 여기면서 불안에서 기인한 도피성 행동도 사라졌다. 나는 전에 없는 '바깥 생활'을 개와 함께 시작했다. 고양이와 함께 살던 때는 집에 정주하는 고양이를 위해 집의 환경을 계속해서 정비했다. 창가에는 멀리 밖을 바라다볼 수 있도록 선반을 배치했고, 지루하지 않도록 벽에 다양한 장난감을 걸었으며, 책상다리에는 발톱을 갈 수 있게 로프를 감았었다. 고양이가 발로 밀어 떨어뜨리면 깨질 수 있는 작은 물건들을 모두 치웠고 많은 털과 먼지 때문에 매일 청소를 해야만 했다. 이렇듯 고양이가 염결한 집주인이라면 개는 바깥 활동의 훌륭한 지도자다. 개와 함께 살면서 우리가 걸어서 다닐 수 있는 수많은 장소를 발견했다. 집 가까이에 있지만 제대로 오르지 않았던 산을 누비며 계절의 변화를 감상하고 함께 냄새 맡았다. 사나흘은 집 밖을 나가지 않아도 잘 살 수 있던 내가 바깥에서만 용변을 보는 개 덕분에 비가 오나 눈이 오나 매일 최소한 세 번씩 15분이라도 나가야 했고, 틈만 나면 지도에서 같이 갈 수 있는 장소를 찾았다.

그리고 먹는 것. 잘 먹는 것은 사람이나 동물이나 건강과 직결된다. 나는 개의 식이食餌를 공부하기 시작했다. 개와 고양이에 관한 영양학 서적들을 뒤져보면 사람과 동물의 건강한 식이는 크게 다르지 않다는 걸 알 수 있다. 우선 가공이 적은 신선 식품을 섭취하는 것이 동물체의 건강에 좋다. 습관대로 먹이던 사료와 다양한 가공 간식의 성분표를 보니 각종 첨가물과 함께 평소에는 접하기 힘든 재료들이 눈에 띄었다. 장기 보관을 위한 방부제였다. 사람의 음식보다 더 많은 각종 가공물이 개의 음식에 들어가 있었다. 5킬로그램 정도의 작은 개의 몸에 매일 채워지는 가공식품의 양을 보자니 가만있으면 안 될 것 같아 대안을 찾았다. 신선한 고기와 채소를 익혀 만든 반려동물용 미트볼과 생식이 이미 상품화되었지만 매끼 먹이기에는 부담스러운 가격이었다. 그렇다면 직접 만드는 수밖에.

    내 밥을 챙기듯 직접 만들어 영양을 채우려면 적절한 섭취량을 알아야 하고, 그래서 시작한 공부가 어느샌가 내가 먹고 입고 바르는 데도 영향을 끼쳤다. 되도록 채소만 먹는 생활을 하다 함께 사는 육식동물의 먹을 것을 챙기며 자연스레 고기도 먹게 되었다. 신선한 날것은 섭취 비율을 맞춰 개에게 주고, 만드는 김에 조미를 거의 하지 않고 익혀 개와 함께 먹는 내 끼니도 만들었다. 라면이나 과자 같은 인스턴트 음식 역시 조절하게 되었는데, 개에게 자연식을 강요하는 만큼 나도 함께 실천할 수 있어야 한다는 생각에서다. 짧게는 10년, 길게는 20년을 함께하는 동물의 시간이 너무도 빠르게 지나간다는 것을 알기에 점점 먹는 것에 있어서 극성인 반려인이 되어갔다. 양치법도 바뀌었다. 구강 관리가 동물의 삶에 얼마나 크게 영향을 미치는지 치

주질환으로 고생한 고양이를 통해 알게 된 후로, 사람과 다름없는 제대로 된 양치법을 개와 나 모두 실천하게 되었다. 작은 개의 이와 잇몸을 조심히 닦을 때면 나도 피곤할 때 누군가 이렇게 닦아주면 좋겠다는 생각이 절로 들지만!

우리는 각별해졌다. 더 자주 웃고, 늘어난 움직임으로 함께 건강해졌다. 같은 언어를 쓰지 않기에 주의를 기울이며 만든 둘만의 언어가 생겼다. 다른 종의 생명체가 서로에게 익숙해지고, 함께 건강히 산다는 것은 반려 생활에서 가장 짜릿하고 뭉클한 부분이 아닐까. 반려 생활이란 사람이 일방적으로 동물을 기르는 게 아니라 서로를 돌보고 기르는 생활이다. 반려동물의 마지막을 여러 차례 겪었음에도 이들과 함께하는 삶을 지속하는 것은 그들을 통해 나의 동물성을 확인하는 과정일는지 모른다. 긴 시간 속마음을 가리고 생활해야 하는 사람의 삶에서 다시금 신체와 본능에서 비롯한 솔직함을 상기하고 싶은 마음이기도 하다. 각별한 그들에게서 죽음을 포함한 삶의 많은 것을 오늘도 배워간다.

개와 함께 먹는 채소고기찜

- 무항생제 닭가슴살(연어 필렛도 가능) 200그램
- 블루베리 5알
- 브로콜리 1/6덩이
- 단호박 1/6덩이
- 파프리카 1/6개
- 셀러리 1/2대
- 건조 파슬리 1작은술
- 고수잎 한 줌
- 올리브오일 1큰술
- 1, 2인용 찜기
- 사람을 위한 소금
- 후추
- 레몬즙 적당량

1. 닭가슴살은 칼로 저미며 잘 펴서 찜기의 바닥에 깐다.

2. 브로콜리와 단호박은 개의 한입 크기로 썬다. 개가 먹을 수 있는 다른 채소(당근, 줄기콩, 버섯 등) 어느 것이든 좋다.

3. 씨를 제거한 파프리카도 개의 한입 크기로 썬다.

4. 셀러리는 얇게 저민다.

5. 고수잎은 먹기 좋게 다듬어둔다.

6. 닭가슴살→단호박→브로콜리→파프리카→셀러리→블루베리 순으로 찜기에 보기 좋게 쌓는다.

7. 올리브오일과 건조 파슬리를 채소에 둘러준다.

8. 물을 채운 찜기에 얹어 물이 끓고 30분 정도 더 찐다. 단호박과 닭가슴살이 익으면 찜기에서 내려 고수잎을 얹고 나눠 먹는다.

9. 개에게는 닭가슴살 1/2덩이 정도의 분량(익혔을 때 50~70그램)과 브로콜리 한 조각, 단호박 한 조각, 파프리카 한 조각, 셀러리 한 조각, 고수잎 한 장 정도를 주고 사람에

게는 남은 것의 맛을 보고 올리브오일과 소금, 레몬즙, 후추를 취향에 따라 뿌려 마무리해 내어놓는다..

* 위 레시피는 6킬로그램인 베라의 몸무게에 맞춘 분량이다. 개의 체중에 맞춰 양을 조절한다.

* 채소를 좋아하지 않는 개는 익힌 채소를 모두 갈아 퓌레로 만든 다음 찐 닭가슴살에 버무려준다. 섬유질을 지나치게 섭취하지 않도록 채소가 닭가슴살의 1/3 분량을 넘지 않도록 하고 채소를 많이 먹었다면 다른 식사에서는 섬유질을 제외한다.

불안을 없애는 방법

 동료가 채소를 다듬다 내게 물었다. "가장 좋아하는 음식이 뭐예요?" 잠시 고민하다 대답했다. "음…… 잡곡밥?"

 밥이라 하면 아무래도 쌀이 먼저 떠오르지만, 갈수록 쌀 아닌 것으로 끼니를 때울 때가 많다. 특히 면 음식이 그렇다. 요리에 관심이 있는 사람들의 첫 도전은 대체로 면 요리다. 그중 파스타에 가장 쉽게 시도한다. 파스타는 주변 지인에게 요리사로서의 나를 각인시킨 결정적 메뉴인 동시에 쌀에 대한 애착을 불러일으킨 음식이기도 하다. 손님에게 내는 음식이 파스타라면 직원 식사는 적어도 리소토여야 했으니까.

　흰쌀밥을 먹어야 밥다운 밥을 먹은 것 같은 때도 있었다. 어머니는 쌀밥 없이 빵과 채소, 달걀 정도만 있던 내 밥상을 우연히 보고 쌀과 김치가 없는 식사에 딸이 병이라도 얻을까 심히 걱정했다. 자취를 시작할 때 어머니가 먼저 챙겨준 살림도 '공기'라 불리는 밥그릇과 전기밥솥이었다. 갓 지어 뜨거운 흰쌀밥에 참기름을 떨군 명란젓이나 곰삭은 파김치를 얹어 호호 불어 먹는 장면을 떠올리면 입에 침이 절로 고인다. 흰쌀밥은 뜨끈하고 든든한 음식이다.

　흰쌀밥에 비해 잡곡밥은 그 처지가 조금 빈궁하다. 특히 우리 집에서 잡곡밥은 기껏해야 정월대보름에나 밥 역할을 했다. 이유는 간단하다. 당시 아버지의 선호가 흰쌀밥에 몹시 치우쳐 있었기 때문이다. 가끔 할머니가 오시면 꽁보리밥을 지어주기도 했는데, 그때조차 아버지를 위한 흰쌀밥은 반드시 따로 준비해야 했다. 끼니마다 압력솥에 밥을 지어 먹었고 남은 밥은 전기밥솥에서 온도를 유지하다 도시락용 볶음밥이 되었다. 현미나 다른 곡물이 든 밥은 까끌까끌해 견딜 수 없다는 아버지가 원망스러웠다. 다 자라서 곰곰이 생각해보니 그 시절 잡곡은 오래 불려야 해 번거로웠고 거칠기가 도정 기술이 발달한 지금과는 달랐겠다 싶다. 어쩌면 유년 시절 지겹게 먹던 보리 잡곡밥에 대한 강한 거부감이 아버지에게 있었을 수도 있다. 이러나저러나 아버지의 유별난 밥투정 덕분에 어릴 때부터 온갖 맛난 걸 먹을 수 있었으니, 잡곡밥으로 본 약간의 손해는 납득할 만하다.

그럼에도 잡곡밥을 향한 나의 애정은 점점 커졌다. 초등학교 단짝 친구가 싸 온 열한 가지 잡곡으로 지었다는 밥을 맛보고는 다양한 곡물의 맛과 질감에 반해 어머니에게 간곡히 같은 방식의 잡곡밥을 부탁했지만 어림없었다. 한데, 놀랍게도 친구네 집은 우리 집과는 반대로 흰쌀밥을 먹는 날이 드물다고 했다. 잡곡밥에 투덜대는 친구를 보자마자 옳거니 하며 도시락을 바꿔 먹자고 제안했다. 친구의 보온 도시락에 담긴 뜨끈하고 찰진 잡곡밥은 꿀맛이었다. 내가 싸 오는 밥도 식어서는 안 될 것 같았다. 집에 돌아가 따뜻한 밥을 먹는 친구가 부럽다고 했고 어머니는 당장 보온 도시락을 사 왔다.

자취를 시작하며 온전한 내 전기밥솥이 생겼다. 비로소 내 취향에 따라 잡곡밥을 먹을 수 있게 됐지만 전기밥솥은 금세 쓰이지 않아 박제된 가전제품이 되었다. 생각보다 밥 지어 먹을 일이 없었을뿐더러 짓더라도 혼자 사니 잘 먹지 않아 밥솥 안에서 밥이 누렇게 메마르고 스멀스멀 냄새가 피었다. 고심하다 언젠가부터 어머니가 시킨 대로 한 솥 지은 밥을 1인분씩 소분해 냉동실에서 꽁꽁 얼려 배고플 때마다 하나씩 꺼내 전자레인지에 데워 먹었는데 그럴수록 밥에 대한 사랑은 식어갔다.

양식당에서 일하면서 밥에 대한 사랑이 다시 생겨났다. 누구나 매일 20인분 이상의 버터에 스테이크용 고기를 굽고 기름에 볶는 파스타를 만들다 보면 얼큰한 국물 요리와 담백한 밥이 간절해지고 말 것이다. 시큼 매콤 고소한 김치찌개와 각종 나물 반찬 그리고 밥! 기름지고 순한 음식이 과하면 맵고 짠 게 당기고 맵고 짠 건 그에 어울리는 담백한 밥을 생각나게 한다. 밥상 위에 올라가는 음식의 조화에서 극단과 극단은 통하기 마련이다. 어떤 상이든, 아니 상황이든 균형이 중요하다는 이치를 나는 밥을 통해 알게 되었다.

요즘은 '압력' 전기밥솥으로 밥을 짓는다. 이 녀석은 기특하게도 곡물을 많이 불리지 않아도, 어떤 종류의 잡곡을 넣어도 물만 적당히 잘 맞추면 쫀쫀한 잡곡밥과 쌀밥을 척척 만들어낸다. 밤, 고구마, 연근, 은행, 하루 전에 불려놓은 콩, 마른 나물, 버섯, 채소 그리고 약간의 소금을 잡곡과 함께 넣고 밥을 지으면 다른 반찬이 필요 없는 한 그릇 음식이 된다. 잡곡밥이든 쌀밥이든 밥은 어디를 배회하다가도 돌아가 누울 수 있는 포근한 집처럼 우리를 편안하게 반기는 음식이다. 그래서 잡곡밥을 가장 좋아하는 음식이라고 자신 있게 답할 수 있다. 그 공은 전적으로 작고 편리한 압력 전기밥솥에 있다.

매일 가마솥으로 밥을 지어야 했다면 어땠을까? 어릴 적 좀처럼 잡곡밥을 해주지 않았던 어머니의 마음이 이해된다. 엄마처럼 매일 쌀밥을 먹어야 한다고 강조하고 싶지 않지만, 자기 자신을 잘 먹이기 위한 첫 번째 단계로 압력 전기밥솥을 주방에 들이라 권하고 싶다. 부엌에 붙어 있을 시간이 충분치 않은 상황에서 압력 취사만큼 곡물을 빠르고 적절히 익히는 편리한 방식은 없기 때문이다.

    정체 모를 불안감이 엄습하고 긴장이 높아 지칠 때마다 잡곡밥을 짓는다. 밥이 익으면서 나는 고소하고 포근한 냄새가 온 집 안을 감싼다. 기름 냄새는 싫지만, 된장국과 밥 냄새는 마음을 편안하게 한다. 밥이 다 되었다는 소리를 듣고 냄새를 맡으며 조금 기다리다 뚜껑을 열면, 밥솥 가득 알알이 익은 채 나를 보는 밥이 있다. 밥알이 뭉개지지 않게 가장자리부터 주걱을 세워 넣어 살살 뜬다. 좋아하는 공기에 먹음직스럽게 담고 참깨와 간장, 소금 조금, 참기름 살짝 뿌려 구운 김과 함께 먹으면 이걸로 됐다는 생각이 든다. 이렇게 매일 가득 먹어도 질리지 않다니, 이건 아무래도 내 몸이 밥을 몹시도 좋아한다는 뜻일 테다.

영양잡곡밥

- 압력 전기밥솥
- 혼합 잡곡
- 현미 혹은 백미
- 취향에 따라 마른 나물
- 깐 밤
- 고구마
- 감자
- 연근

1. 밥을 잘 지으려면 가지고 있는 밥통의 성격을 알아야 한다. 한 시간 가량 물에 불린 흰쌀은 물과 쌀의 양이 1:1이다. 여기에 잡곡이 섞이면 물 조절을 해야 하는데, 베이킹하는 사람들이 오븐 테스트를 하듯 물의 양을 조절하며 진밥도 먹어보고, 고두밥도 먹어봐야 내 밥통이 어느 정도 물로 어떤 상태의 밥을 짓는지 파악할 수 있다.

2. 흰쌀은 따로 오래 불리지 않고 밥을 지어도 실패할 확

률이 낮지만, 잡곡의 경우 물 조절부터 어렵다. 누구나 겪는 어려움을 쉽게 해결해주는 상품도 있다. 마트에 가면 불리지 않아도 되는 잡곡 제품이 다양하다. 현미는 쌀알이 수분을 잘 흡수해 고루 익게끔 미세한 칼집이 들어간 제품이 있다. 콩이나 기타 혼합 잡곡류는 찌고 다져서 다시 건조하는 과정을 거친, 이미 한 번 익힌 상태의 제품이 있다. 보리 중에 '압맥'이 그렇다. 이런 제품들은 흰쌀과 섞어도 밥이 잘 지어진다. 어머니가 알려준 물 조절법으로 밥을 짓기 시작했다. 평평한 곳에 밥통을 놓고 잘 헹군 쌀이나 잡곡을 먹을 만큼 넣은 후 물을 붓는다. 보통 건조한 곡물은 밥솥에서 익으면 세 배가량 불어난다. 최대 분량을 꼭 감안하여 밥통에 곡물을 넣는다. 곡물이 자작하게 물에 잠기면 평평히 만들고 물에 잠긴 곡물을 손바닥으로 눌러 가운뎃손가락의 두 번째 마디가 전부 잠기도록 한다. 사람 손마다 두께와 모양이 다 다르니, 이 계량법은 아무래도 몇 번의 시행착오를 거쳐야만 익힐 수 있다. 물의 양을 가늠하기 가장 어려운 곡물은 찹쌀인데, 백찹쌀은 물이 조금이라도 많으면 밥이 쉽게 질척거리고 끈적이게 되어 껍질이 살아 있는 현미 찹쌀을 쓴다. 잡곡 중

콩을 꼭 넣고 싶다면, 생콩을 넣거나 건조 콩은 반드시 밥을 하기 하루 전날 물에 잘 불려놓는다. 혼합 잡곡의 경우 다양한 곡물이 섞여 있는데, 백미를 쓰지 않는 나는 현미와 혼합 잡곡을 반반씩 넣고, 곡물의 1.5배 정도 되는 물을 넣는다. 물은 수돗물보다 끓인 후 식힌 물이나 정수한 물이 좋다. 이 경우 손등이 다 잠길 정도로 물의 양을 맞춘다. 시간이 있다면 물을 맞춘 곡물을 한 시간 정도 밥통에 둔다. 그리고 잡곡 모드로 취사하면 부드럽고 고슬고슬한 잡곡밥을 먹을 수 있다. 시간이 없다면, 바로 취사 모드를 누른다. 40~50분 정도의 취사 후, 밥이 되면 밥솥의 뚜껑을 바로 열지 않고 15분 정도 뜸을 들이는데, 그동안 곡물은 좀더 익는다.

3. 고구마나 마른 나물, 다시마, 껍질을 깐 밤이나 은행, 연근이나 우엉, 감자 등은 밥물을 맞추고 나서 먹고 싶은 만큼 잘라 넣는다. 곡물과 뒤섞어주어도, 곡물 위에 얹어 밥을 해도 된다. 이때 간이 배도록 밥에 소금 한 꼬집을 넣으면 좋다. 마른 나물은 그대로 넣으면 밥물을 모두 흡수해 설익은 밥이 되므로 물에 한 번 헹구고

불린 후, 지그시 물기를 짜서 수분을 조금 머금은 상태로 넣는 것이 좋다.

4. 잘 지은 잡곡밥에 취향껏 간장과 참기름, 깨, 다진 파, 혹은 달걀프라이를 얹어 김에 싸 먹는다.

김밥 인생

나를 비롯해 주위 동료들의 밥을 챙기기 어려울 때가 잦다. 행사를 위해 상차림의 풍경을 상상해 재편하고, 온 힘을 다해 음식을 준비하지만 정작 음식을 차리는 우리는 물과 커피, 간단한 과자 정도로 때우고는 한다. 행사 중에는 챙겨야 할 일이 많아 배고픈 줄 모르지만, 일손을 보태는 이들마저 밥을 굶게 할 수는 없다. 그럴 때 준비하는 것이 김밥이다. 탄탄하고 반들거리는 김과 따끈한 밥, 꼬들꼬들한 채소의 맛을 동시에 담은 김밥.

행사 일정이 빽빽해 일주일에 세 번 넘게 김밥을 같이

먹은 동료는 이렇게 말했다. "이렇게 김밥을 다양하게 자주 먹어본 적이 없어요!" 다양하더라도 김밥은 결국 김밥인데, 괜찮은 거였을까? 동료의 그 속을 전부 다 알 수는 없지만 나는 일이 바쁠수록 상비약처럼 챙기는 김밥에 질린 적이 없다. 여유가 있는 날에도 딱히 먹고 싶은 음식이 없는 점심이라면 동료들에게 그날 메뉴로 슬쩍 김밥을 내민다. 그러면 '매일의 김밥'에 얼결에 통달해버린 동료들이 허탈한 웃음을 짓는다.

 탕수육을 너무 좋아해 별명이 탕수육인 친구가 어느 날 탕수육을 예찬하며 이야기했다. "나는 급식소에서 나오는 싸구려 탕수육부터 비싼 중식당의 고급 탕수육까지 모두를 좋아해!" 같은 기준으로 김밥에 대한 나의 애정도 따져보았다. 나 또한 김과 맨밥으로만 만든 김밥부터 호화로운 재료에 쌀밥의 비중을 내어준 김밥이나 밥 없이 달걀과 당근으로 만든 김밥까지 모두 맛있게 잘 먹는다. 이 정도면 그야말로 김밥을 사랑한다고 자신 있게 말해도 되겠지 싶다. "나는 모든 김밥을 좋아……, 아니 사랑해!"

김밥에는 싸구려가 없다. 김, 밥, 채소의 조화는 바쁠 때도 맛있게 허기를 채우게 할뿐더러 영양까지 챙기게 한다. 덕분에 나의 '행사 인생'은 '김밥 신세'와 다를 게 없었고 이 일에 함께하는 동료들은 그 여정에 어쩔 수 없이 합류하게 되었다. 호사스러운 색색의 음식을 남에게 낼 때도, 우리는 따끈한 김밥을 맛있게 넘겼다. 그럼에도 제 뜻과 상관없이 김밥 신세가 된 동료들에게 미안한 마음이 들어 행사 후에 맛있는 걸 먹자고 변명하며 김밥을 권했다. 일을 마친 동료들은 한동안은 김밥을 찾지 않거나, 김밥만 보면 나를 떠올렸을 테다.

김밥을 직접 말아본 사람은 안다. 김밥은 만드는 정성에 비해 너무나 저렴한 음식이다. 물가가 오르면서 그 많던 김밥집이 이전보다 줄어들어 애타는 마음이다. 어느 동네든 김밥집을 먼저 찾는다. 산책길에 우연히 김밥집을 발견하면 얼마나 고마운지 모른다. 소금, 참기름, 깨소금으로 밥을 밑간하는 김밥집은 특별히 마음속 별표를 달았다. 그렇게 만들다가 어느샌가 김밥이 점점 날씬해지고, 밥의 밑간이 빠지더라도 섭섭해하지 않았다. 그 노고를 잘 알기에 늘 감사히 받아 오는 음식이 김밥이다.

 '무엇을 만들어야 할까' 하는 고민은 늘 '무엇을 먹고 싶은가'에 대한 생각까지 나아가게 한다. 먹고 싶은 것은 체면과 격식 없이 기분 좋은 '온기'와 '인상'을 남기는 식사다. 산, 들, 바다의 재료를 적절히 배합해 맛을 끌어낸 음식도 좋고 그것을 맛보며 느낄 수 있는 상쾌함과 명쾌함, 균형 있는 풍미도 좋지만 매일의 식사는 우리에게 분명 온기와 인상을 남긴다. 내게 온기와 인상을 남기는 음식은 단연 김밥이다. 심지어 김밥과 닮은 음식을 만든다면, 요리의 목적에 절반 이상 부합한다고 생각한다. 차에서든 길에서든 식탁에 앉아 오물거리든 김밥이라는 일상식은 우리에게 한결같은 편안함과 따스함을 준다. 매일 이어지는 고된 노동으로 일상을 기꺼이 채우고 있을 김밥 요리사들에게 진심으로 감사의 인사를 드린다.

감태흑임자김밥

김밥

· 잘 지은 밥(잡곡밥, 흰밥, 즉석밥 모두 가능)

· 참기름

· 깨소금

· 소금

· 조미하지 않고 굽지 않은 생감태김 원하는 만큼

· 간장 조림 반찬 아무것이나. ex) 마늘종볶음

· 넣고 싶은 채소 ex) 미나리

검은깨 페스토

· 검은깨 50그램

· 소금 1작은술

· 올리고당 1큰술

· 들기름 3큰술

· 물 60밀리리터

· 간장 1큰술

✱ 검은깨 페스토의 재료들을 한꺼번에 블렌더에 간다. 페스토가 뻑뻑하

다면 물을 넣어가며 묽은 잼 정도가 될 때까지 농도를 조절한다. 완성된 페스토는 고소하고 짭조름하며 달큼한 맛이 난다.

1. 감태김을 김밥김 크기로 잘라 김밥 발 위에 깐다.

2. 감태김의 절반에 참기름, 깨소금 소금으로 밑간한 밥을 밥알 한 개 높이 정도로 얇고 고르게 깐다.

3. 밥 위에 브러시나 숟가락으로 검은깨 페스토를 얇게 골고루 도포한다.

4. 준비한 조림 반찬을 깐 밥의 1/3 지점에 일렬로 길게 깐다. (봄에는 생미나리를 함께 넣으면 별미다.)

5. 김밥 발의 위쪽부터 감태김과 함께 잡고 조심스럽게 돌돌 만다.

6. 먹고 싶은 크기로 자른다.

국물은 얼마든지

 연재 마감 전후로 심한 감기에 시달렸다. 평소 나의 마감 음식은 시원한 맥주 한 캔이었는데, 목이 따끔거려 아이스크림으로 대신했다. 아주 천천히, 차가움을 느끼면서. 사실 무언가를 빠르게 마시는 일이라면 자신 있다(술은 제외). 카페에서는 음료를 금세 다 마셔버리고 얼음만 깨물 때가 많아 되도록 천천히 마실 수 있는 따뜻한 음료를 주문한다. 다만 '국의 국물'은 끝까지 다 마시지 못한다. 국그릇 가득 담긴 국물을 다 마셨다가는 배가 가득 찬 느낌에 쉬이 불쾌해지기 때문이다. 꼭 국으로 밥상을 완성하는 어머니는 건더기만 먹고 국물을 미뤄놓은 나를 채근하며 말씀하셨다. "국물에 좋은 것이 다 있는데, 남기면 어떡하니? 다 마셔라."

너무 많다고 볼멘소리를 하면 옆에 있던 아버지가 조용히 내 국그릇을 집어다 마셨다. 어머니는 언젠가부터 국그릇에 찌개처럼 건더기를 가득 담아 내 앞에 놓았다. 남은 국물은 음식을 버리기 아까워하는 어른이 마시거나 어머니가 따로 모아 다음 끼니에 먹으려 다시 끓였다. 내게 맞는 양을 직접 떠다 먹으면 됐을 텐데, 참 게으르고 생각이 모자랐다.

요리를 업으로 하며 국물의 중요성을 비로소 알게 되었다. 여기서 국물은 조금 더 넓은 범위를 말한다. 다시 말해 음식의 적절한 수분이 곧 국물이다. 수분은 완성된 요리의 아주 중요한 요소다. 어머니 말씀처럼 국물이 끓는 동안 재료의 맛과 영양이 바깥으로 나와 수분을 형성하기 때문이다. 특히 리소토와 파스타를 만들 때 국물은 음식의 성패를 좌우한다. 기름에 볶은 양파, 마늘 등 밑 재료의 맛이 쌀이나 면에 잘 배게 하려면 면수를 부어 국물을 만들어야 한다.

국물은 재료들의 다양한 맛을 묶어주는 매개체 역할을 한다. 국물을 만드는 과정을 생략하면 재료들의 맛이 따로 놀거나 기름만 흥건하거나 지나치게 뻑뻑한 요리가 된다. 볶은 재료가 살짝 잠길 정도로 자작하게 물을 부어 걸쭉한 에멀션emulsion 상태가 된다. 이때 붓는 물의 양에 따라 리소토가 되고 찌개가 되고 국이 되는 것이다. 파스타나 리소토는 물론이고 서양식 찌개인 스튜를 만들 때도 국물을 만드는 단계가 중요하다. 모든 재료의 맛이 조화롭게 어우러진 국물을 쌀이나 면이 빨아들이며 익는다. 샤부샤부를 먹고 남은 진한 국물에 밥이나 국수를 말아 먹는 것과 유사하다.

쌀과 면이 재료의 맛을 잘 빨아들였는가 하는 여부는 불 위에서 재료 주위에 국물이 얼마나 남았는지를 보고 판단할 수 있다. 그걸 보고 불에서 내릴 타이밍을 찾는다. 데워놓은 그릇에 음식을 담으면서부터 리소토와 파스타는 식고 불기 시작한다. 어느 정도 국물이 있는 상태에서 조리를 마쳐야 먹는 이 앞에 적절한 온도와 질감, 습도, 향을 간직한 상태로 놓인다. 이에 비해 국물이 충분한 음식은 한 숟가락 떠서 식힌 후, 맛이 골고루 돌고 간이 맞았는지를 확인한 후 요리를 마치면 된다.

국물을 내는 정성을 알게 된 뒤로는 가급적 어떤 국물도 남기지 않지만, 여전히 보통의 사발은 내게 너무 크다. 마셔야 하는 국물이 짜다면 물을 타서라도 조금 싱겁게 만든 다음 천천히 마신다. 삼삼한 간에 너무 뜨겁지 않을 때 더 다양한 맛을 느낄 수 있다. 요즘은 같이 사는 개와 함께 먹을 수 있는 국물을 자주 끓인다. 소금을 일절 넣지 않은 채소고깃국으로, 개에게 허용된 채소와 기름이 적은 고기를 넣고 끓이면 된다. 소금이 없어도 고기 자체의 염분이 국물에 스며 생각보다 싱겁지 않다. 건더기와 국물을 적당량 덜어 개에게 주고, 내 몫으로 담은 것에 약간의 소금이나 국간장을 넣어 맛을 본다. 소고기뭇국 맛이다.

시큼 구수하고 짙은 된장국에 밥을 말아 먹는 것도 좋고 마늘과 소금, 콩나물만 넣고 끓인 멀건 콩나물국의 깔끔

한 맛도 좋다. 고로쇠 물 같은 평양냉면의 밍밍한 국물도 음료처럼 들이켠다. 냉면을 먹기 전 메밀면 삶은 물을 차처럼 마시는 것도 국물을 마신다고 볼 수 있다. 그저 채소를 숭덩숭덩 넣어 부드럽게 끓인 온순한 국물을 언젠가부터 특히 즐기게 되었는데, 허전한 듯 담백하게 담긴 음식 안의 다양한 향과 맛을 찾아내는 게 재미있다. 마치 어느 순간부터 톡 쏘는 파김치나 갓김치를 즐기게 되는 것처럼, 꼭 어른이 된 것처럼.

아플 때는 국이나 차의 맛이 잘 느껴지지 않는다. 중요한 건 그저 온도다. 이때 재료의 영양을 담은 맑은 수프가 몸의 회복을 돕는다. 어머니 말씀대로 좋은 것이 다 들어 있다는 국물을 잘 마시는 일은 몸을 보살피는 일과 다름없다. 그래서 어린이와 젊은이보다 경험 많은 어른들이 국물을 더 좋아하는지도 모르겠다. 나이가 들수록 몸을 보해야 하니까. 뜨거운 것을 시원하다고 하는 심정이 이제야 이해된다.

적절한 양과 온도를 가진 온순한 맛의 국물은 적당히

헐거운 구석이 있어 남에게 내어줄 것이 많고 마음이 여유로운 어른을 떠올리게 한다. 달고 짜고 맵고 고소한, 아주 선명한 맛을 내는 국물은 솔직하고 순진한, 아이 같은 어른일 것이다. 그야말로 적당한 맛의 국물은 촉촉하고 부드러운 힘으로 주변 여러 사람을 연결하는 사람과 같을 것이다. 아무것도 베풀지 않겠다는 의미로 "국물도 없다!"라고 말한다. 나는 반대로 "국물은 얼마든지!"라고 말하고 싶다. 맛있는 국물을 만들 줄 알고, 좋은 것이 든 국물을 남김없이 마실 수 있는 어른이 되고 싶다.

아욱표고감자된장국

- 아욱 1단(150그램 정도)
- 집된장 2~3큰술(기성품 된장도 가능하다. 표고 된장을 자주 쓴다. 된장마다 짠맛이 달라 맛을 보고 넣는 양을 가감한다.)
- 다진 마늘 1작은술
- 말린 표고 한 줌
- 감자 2알(한입 크기로 썬 것)
- 다시마 가로세로 5센티미터 1장

1. 1.5리터의 물 혹은 쌀뜨물에 다시마와 말린 표고를 넣고 찬물에서부터 끓인다.

2. 물이 끓으면 다시마는 건지고 부드러워진 표고는 건더기용으로 둔다.

3. 아욱은 잘 씻어 줄기를 위로 잎을 아래로 향하게 한 다음 칼로 섬유질을 벗기고 3~4센티미터 간격으로 잘라둔다. (고구마 줄기의 섬유질을 벗기는 과정과 동일하다. 잘

잘라 섬유질째 먹어도 된다.)

4. 감자 2알은 껍질째 혹은 껍질을 벗기고, 한입 크기로 깍둑썰기 한다.

5. 끓는 표고 다시마 물에 집된장을 채에 비벼가며 푼다. 집된장은 오래 끓일수록 맛이 깊어지지만, 시판 된장은 끓일수록 맛이 사라져 가장 나중에 넣기도 한다. 재래식 된장과 시판 된장을 반반 섞어 넣어도 좋다.

6. 감자는 집된장의 강한 맛을 부드럽게 한다. 된장 푼 물에 감자를 넣고 익히다, 감자가 절반 정도 익으면 다듬어 썬 아욱을 넣는다.

7. 감자가 다 익으면 다진 마늘을 넣는다.

8. 한 술을 떠 식혀서 국물 맛을 보고 간이 부족할 경우 국간장이나 소금 아주 조금으로 간을 맞춘다.

남에게 끼니를 맡기다

밥을 몹시나 사랑하는 사람이지만 잠시 면에 마음을 내줄 때도 있다. 바로 여름이다. 온몸에 습기가 착 달라붙는다 싶으면, 아무것도 스스로 만들 생각을 않고 가까운 국숫집에 간다. 차갑고 미끈거리는 국수를 한입 크게 넣고, 국물까지 모두 마셔 끈끈한 더위를 잠시 물리친다. 한여름, 함께 일하는 사람들에게 끼니를 때울 음식으로 밥과 면 중에 고르라 하면 높은 확률로 면을 꼽는다. 그래서 여름이면 주방 찬장에 소면, 중면, 메밀면은 물론이고 여러 가지 야채분을 넣어 맛을 입힌 고급 면까지 골고루 구비해둔다.

면을 삶는 것 역시 무더운 일이지만 고작 몇 사람 분량이라 어렵지 않다. 삶은 면을 시원한 얼음물에 재빨리 헹구고 그릇에 담는다. 지난봄 저장해둔 새콤한 두릅피클 국물(22쪽 참고)과 물 그리고 간장을 적당히 섞어 간을 맞춘다. 얼음을 한두 덩이 넣은 국물을 면 주위로 끼얹고, 잘 익은 토마토, 참외, 복숭아 같은 여름 과일과 삶은 달걀, 부추, 상추 혹은 냉장고에 있던 반찬을 고명 삼아 곱게 얹으면 시큼달큼 시원한 식사를 금세 마련할 수 있다. 만약 이마저도 귀찮다 싶으면 갈아 나온 콩물이나 메밀장국을 사다 냉국수를 말아도 좋다.

바쁘고 더워서 도저히 아무것도 못 하겠으면 남에게 끼니를 기대러 식당에 가거나 배달앱을 켠다. 내가 만드는 것이 아니기에 메뉴 선택이 자유롭고, 잠시나마 주방의 지옥 불은 남의 일이 된다. 그럼에도 한여름 타인의 주방을 흘깃 바라보기가 여간 마음 불편한 일이 아니다. 많은 사람이 수십 년 동안 버텨온 주방의 더위가 더는 남 일처럼 느껴지지 않는다. 여름이라고 먹지 않고 계절을 지날 수 없기에 누군가는 그 일을 해야 하는 것이다. 그중에 엄마도 있다. 엄마는 지금도 작고 좁은 주방에서 매일 100명 가까운 어린이와 선생님을 위한 음식을 만든다.

"그 일 언제까지 계속할 거예요? 차라리 제 사업장에 출근해서 일하시는 게 나을 듯해요." 보다 못한 내가 괜한 말을 붙이면 엄마는 이렇게 말한다. "이 일 언제까지 하겠니. 그래도 너한테 가는 것보다 여기가 편해." 그러고서 엄마는 도리어 나를 채근하고는 했다. "학교 잘 다니고 공부도 오래 하고선 왜 주방 일을 하니. 너 때문에 잠이 다 안 온다."

쏘아붙이는 엄마가 미울 때도 있었지만, 주방의 더위를 포함한 근육통을 경험하고 나면 엄마 말이 다 맞는 듯하다. 그렇다면, 엄마 말이 맞는다면, 대체 그 일은 누가 하나? 모두가 죽을 때까지 먹어야 하는데!

주방에 사람 대신 기계가 놓인다면 아무리 더워도 날씨 때문에 괴로워하진 않을 것이다. 실제로 일어나는 일이다. 얼마 전에는 한 가락국숫집에서 열심히 국수를 삶아 내놓는 기계를 본 적 있다. 그 집 사장님은 사람 대신 기계를 채용했다. '음식은 손맛'이라는 표현도 먼 옛날의 이야기가 될 것 같다. 기계가 만드는 음식이 흔해진다면 오히려 집에서 직접 요리하는 사람이 늘어나지 않을까. 음식의 개성과 나름의 손맛이 그리워질 테니까. 나는 그때도 틀림없이 국수를 삶을 것이다.

찌는 더위 틈틈이 맞이하는 시원한 바람처럼 노동에도 쉼이 필요하다. 주방에서 육체노동을 하는 사람에게 충분한 보상과 쉼을 보장하는 사회가 빨리 올까, 그들의 자리를 기계로 대체하는 사회가 빨리 올까. 기계에 자리를 내준 사람들은 이후 어디로 가야 할까. 어떻게 살아야 할까. 이런 질문은 앞으로 나는 어디로 어떻게 가야 할까, 하는 질문과 다름없다.

일단 여름이니, 국수와 함께 조금은 느슨하게 지구의 시간을 만끽할 참이다. 디스토피아적 질문에 대한 답은 마음속에 담아두고, 적어도 이번 여름은 누군가가 땡볕에 걸어 잘 말린 국수를 맛있게 삶아 감사히 먹어야겠다.

버섯피클냉국수

새콤달콤 짭조름한 버섯간장피클은 구수한 버섯의 맛이 국물에 배어 있다. 만들기 쉬워 여름이면 맛있는 찬국수를 만들 요량으로 준비해둔다.

피클

- 만가닥버섯 5봉(750그램)
- 깐 마늘 10알
- 피클액
- 생강편 1큰술
- 물 750밀리리터
- 식초 250밀리리터
- 간장 500밀리리터
- 설탕 200그램
- 통후추 10알

국수

- 소면 양껏
- 여름 과일 취향껏
- 야채 취향껏

버섯간장피클

1. 피클을 담을 유리병을 소독한다.

2. 만가닥버섯과 슬라이스한 마늘을 식용유로 달군 팬에서 빠르게 겉만 숨이 살짝 죽을 정도 익힌다. 버섯 전체를 한 번에 볶지 않고 팬 크기만큼 소분해 볶는다. 토치로 팬 위에서 불이 닿게 구워 불향을 입히면 더 맛있다.

3. 큰 냄비에 물과 식초, 간장, 생강, 설탕, 통후추를 넣고 피클액을 끓인다.

4. 구운 버섯과 마늘을 유리병에 넣고 버섯이 완전히 잠기도록 피클액을 채운다.(레시피의 피클액 양은 국수를 말아먹기 위해 버섯의 양보다 넉넉한 양으로 계량했다.)

5. 서늘한 곳에서 하루 실온 보관하고, 이후 냉장 보관한다.

* 시간이 지날수록 버섯의 성분으로 인해 피클액이 젤리처럼 변하는데, 젤리 질감의 피클액이 투명한 정도라면 먹을 수 있고, 피클액이 혼탁해지고 쉰 맛이 난다면 먹지 않는다.

버섯피클냉국수

1. 피클액과 물을 1:1로 넣어 희석한 후, 간을 본다. 좋아하는 간으로 희석 비율을 맞추고, 얼음을 넣어 시원하게 만든다.

2. 소면을 삶아 찬물에 헹궈 그릇에 담고, 피클 물을 붓는다. 위에 버섯피클과 여름 과일, 야채를 취향껏 올려 먹는다.

덩어리로 돌아가는 시간

아랫집은 늘 밤 9시 정도에 늦은 저녁을 챙긴다. 그때마다 솔솔 풍기는 라면이나 찌개 냄새에 우리 집은 개와 사람 모두 킁킁거린다. "오늘은 너구리네." 그런 날은 우리 집도 파를 잔뜩 넣어 끓인 라면을 먹는다. 하루는 닭 삶는 냄새에 오늘은 삼계탕인가 싶었는데 이내 칼칼한 고춧가루 냄새가 함께 올라왔다. "아랫집에 요리왕이 사나 봐!" 우리는 우리가 요리하는 것처럼 부산스러워진다. "닭을 초벌로 삶아 건져 다진 양념을 풀어 닭볶음탕을 끓인 게 분명해!" "맛있겠다!"

냄새만으로 한 번도 만난 적 없는 낯선 이웃의 백반 식탁이 머릿속에 차려진다. 닭볶음탕을 올릴 자리를 남겨 둔 식탁에는 냉장고에서 방금 꺼낸 밑반찬이 깔릴 것이다. 비엔나소시지 굽는 냄새가 나는 걸 보니 집에 아이가 있는 듯하다. 아니, 밤 9시에 저녁을 먹는다면 아이가 아닌가? 고등학생일지도 모르겠다. 학원에서 돌아와 함께 밥을 먹는 것이다. 닭볶음탕을 가운데 두고, 비엔나소시지를 놓은 접시 구석에 케첩을 짜고, 갖가지 밑반찬을 올린다. 그리고 하얀 쌀밥을 식구마다 앞에 두어 저녁 식탁이 완성되는 것이다.

라면은 아랫집을 따라 먹을 수 있지만 백반은 힘들다. 어릴 적 엄마가 가족을 위해 매일 차려주던 밥상을 지금의 나는 나 혼자를 위해 차리기도 어렵다. 휴일이면 더더욱 그렇다. 최대한 가만있으며 산책이나 하는 날이기에 볶고 조리고 굽는 일은 되도록 하지 않는다. 그럼에도 잘 차린 백반을 먹고 기운을 내고 싶은 날엔 근처 작은 식당을 찾는다.

나는 휴일마다 마치 하나의 덩어리로 돌아가려 한다.

지루해서 못 견딜 때까지 단순하게 지내면 주어진 업무에 따라 머릿속에 빚어낸 구체적인 형상을 다시 뭉개어 덩어리진 흙으로 돌이킬 수 있다. 왜 덩어리로 돌아가야 하느냐고? 바쁘게 일하다 보면 효율성을 위한 방식과 패턴이 생기기 마련이다. 이 과정을 반복하다 보면 어느 순간 기계적으로 일하게 된다. 새로운 일을 하려면 방식과 패턴을 뭉개 다시 원점에서 시작해야 한다. 휴식과 휴일은 창의적인 일을 하기 위한 준비의 시간이다. 그 준비로 덩어리가 되는 것이다. 효율적인 방법은 아니지만, 덩어리와 기계가 되는 사이에 건강한 긴장감을 느끼기도 한다.

"너는 뭘 하는 사람이니?"

아무것이나 될 수 있는 상태의 나는 아무것도 될 수 없는 상태의 나이기도 하다. 불안은 이 점을 잘 안다. 이 질문에 답할 궁리를 하고 있다면, 좋은 휴일을 보낸 것이다. 다시 움직일 준비를 한다. 상차림에 무엇을 올릴지 고민한다. 그러니 휴일은 꼭 챙겨야 한다. 흰밥과 반찬이 올라간 백반처럼, 휴일은 꿀맛이다.

내 멋대로 백반

완전한 한식 차림이라고 하기에는 언뜻 서양의 색채를 띠는 백반을 즐긴다. '현대 한식'이라 이름 지어보았지만 실은 어디에도 해당되지 않는, 그때그때의 냉장고 사정에 따라 만들어지는 '냉털 백반'이다. 큰 플레이트에 탄단지(탄수화물, 단백질, 지방) 구성을 가급적 맞춰 오밀조밀 차려 먹는다. 설거지가 간편해야 하기에 그릇은 보통 쟁반만 한 크기 하나가 전부다.

흰밥이 없으면 빵으로, 다양한 나물이 없으면, 상추와 배추, 과일을 얹은 샐러드로, 절임 반찬이 없으면 채소피클로, 국이 있으면 좋지만, 없으면 따뜻하게 데운 귀리 우유나 커피로 대체한다. 고기는 드물지만 콩, 두부, 달걀은 늘 냉장고에 준비해둔다. 물론 바깥에서 자주 끼니를 해결하는 2인 생활자에게 이런 식사는 아침밥일 때도 있고, 저녁밥일 때도 있다. 잡곡밥이 지어져 있으면 간장과 참기름이나 들기름을 살짝 넣고 온갖 반찬을 넣어 비벼 먹는다.

밥이 없다면, 삶아서 으깨 만든 감자샐러드나 후무스, 피클, 각종 생채소를 곁들여 먹는다. 쌀과 빵, 감자 모두를 주식으로 하면 바깥에서 먹는 흰밥, 반찬과 국 구성의 한식에서 점점 멀어진다. 갖춰 먹는 것의 범위를 영양소의 균형으로 넓히다 보면 꼭 한식의 구성을 따르지 않아도 잘 갖춰 먹는 식사가 된다. 소화기관에게 주는 만찬인 셈이다.

핑크 후무스

* 후무스는 익힌 병아리콩과 기름, 향신료와 참깨소스(타히니), 레몬즙 등을 모두 섞어 곱게 갈아 먹는 중동 지역의 소스이다.

비트와 백태콩으로 후무스를 만들어두면 냉장 보관하며 1~2주 정도 먹을 수 있다. 빵이나 샐러드 위에 얹어 먹기 좋고, 생채소나 구운 채소, 고기와도 아주 잘 어울리는 반찬이다.

· 국산 건조 백태콩 150그램
· 볶은 참깨 50그램

- 콩 삶고 남은 물: 삶은콩 부피의 절반 정도 + 여분의 찬물
- 현미식초나 레몬즙 70밀리리터
- 꽃소금 1/2큰술
- 구운 호두 한 줌(잣으로 대체하거나 생략 가능)
- 올리브오일 100밀리리터 이상
- 다진 마늘 1작은술
- 비트 200그램(생략 가능)

1. 콩을 잘 씻고 찬물에 잠기게 하여 한두 시간 실온에서 불린다. 전날 물에 넣고 충분히 불려도 좋다.

2. 냄비에 콩을 넣고, 콩의 높이보다 2~3센티미터 정도 물의 수위가 올라오게 채운 다음 소금 1작은술을 넣는다. 냄비를 중약불에 올리고, 보글보글 끓이며 물의 수위가 내려가면 다시 부어 처음의 수위로 맞춰가며 천천히 부드럽게 익힌다. 약 한 시간 정도 걸린다.

3. 콩이 부드럽게 익었으면 끓인 물 안에 가만히 두고, 준비한 참깨를 마른 팬에서 약불로 뒤적이며 볶는다. 수분을 날리면 더 고소해지기 때문이다. 깨 향기가 올라오면 불에서 내려 식힌다.

4. 호두도 참깨를 볶은 팬에 넣고 볶아 수분을 날린다.

5. 비트는 잘 씻고 껍질 째 군고구마 굽듯이 알루미늄 포일에 싸 180~200도로 예열한 오븐 안에서 90분 정도 익힌다. 비트에 젓가락을 찔러 부드럽게 들어가면, 꺼내어 포일째 식힌다. 식은 비트 껍질을 까고 손가락 한 마디 크기로 조각내둔다.

6. 부드럽게 삶은 콩과 콩 부피 절반 정도의 콩 삶은 물, 볶은 참깨와 호두, 현미식초나 레몬즙, 다진 마늘, 올리브오일을 고속 블렌더에 모두 넣고, 천천히 여러 번 나눠서 곱게 간다. 마요네즈 같은 질감이 나올 때까지 가는데 뻑뻑해서 잘 안 갈리면, 전체를 잘 섞고 찬물을 조금씩 넣어가며 간다. 믹서기의 능력치에 벗어나는 양일 경우, 큰 볼에 한데 넣고 섞은 다음 조금씩 나눠서 곱게 간다.

7. 크게 잘라둔 구운 비트를 이 후무스에 넣고 한 번 더 곱게 갈면 후무스의 맛이 좀더 가벼워지며 화사한 핑크색으로 변한다.

8. 곱게 갈린 후무스의 간을 맞추는데 자신이 원하는 새콤함이 나올 때까지 식초를 더하고 마지막에 소금으로 간을 한 후 고루 섞이도록 한 번 더 갈아준다. 진하고 고소하고 새콤하며 기름진 맛의 조합으로 입에 침이 돌면 완성이다.

9. 한 번에 먹을 분량씩 소분해 냉장고에 보관하며 먹는다. 먹기 전에 올리브오일을 조금 더 두르고 민트처럼 화한 허브나 상큼한 피클을 곁들이면 더 맛있다.

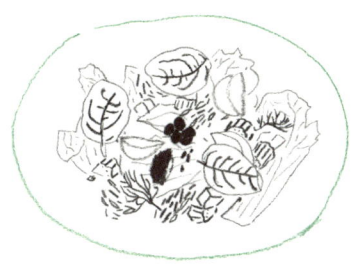

일의 맛

어느 날 동료가 물었다.

"실장님은 일하기 싫은 적 없으셨어요?"

일한 지 얼마 되지 않았는데 벌써 그만두려는 건가 싶어 내심 조마조마했다. 동료는 이전에 통번역 일을 했다. "저는 육체노동이 싫었어요. 몸을 쓰는 동안 제 사회적 계급을 절절히 느끼게 되니까요." 우리는 종일 몸을 써 도시락을 만들었고, 조심스레 행사장으로 옮기는 중이었다. 이제껏 싫은 내색 없이 자신에게 주어진 육체노동을 차근차근 잘해내던 그였기에 더 의아하고 걱정스러웠다. 마음을 숨기고 모범 답안 같은 말을 했다.

"없을 리가……. 처음에는 힘들어서 진짜 이걸 언제 그만해야 할까, 그 생각만 했죠. 먹고살아야 하니 꾹 참고 일했는데, 시간이 지나니 좀 낫더라고요. 잠시 쉬고 일을 다시 시작했을 때, 내가 이 일을 즐기고 있다는 걸 깨달았어요."

도시락에 쓸 꽃과 과일을 얹은 푸딩 만들기를 그에게 맡긴 적 있다. 단순하고 반복적인 작업이지만 거듭할수록 매끈하게 만들 수 있고, 능숙해지면 가히 아름다운 모양을 만들어낼 수 있는 일이었다. 한두 번의 동작으로 푸딩을 용기 안에 자국 없이 부드럽게 안착시키는 방법을 알려주자, 그는 작게 감탄하며 고개를 끄덕이고는 방금 배운 동작을 반복했다. 산딸기, 오디, 딜꽃을 조화롭게 얹어 완성한 푸딩의 오와 열을 맞췄다. 그러고는 "예쁘다, 예뻐" 감탄하며 사진을 남겼다. 나는 몸의 반복으로 수확할 수 있는 경험을 그와 공유한 것 같아 기뻤다. 확실히 주방에 서서 하는 일은 책상에 앉아서 하는 일과 다르지만, 단순히

몸만 쓰는 일이라 하기에는 많은 계획과 의지가 필요하다. 사실 몸을 쓰는 일과 머리를 쓰는 일은 다를 게 없지 않을까? 그렇다 하더라도 그는 그대로 일에서 계급을 느낄 수도 있었을 것이다. 더는 같은 주제로 대화하지 않았다. 그저 그가 일을 즐기는 모습을 보고 싶었다.

여름이면 냉장고와 오븐, 가스레인지에서 발산하는 열로 작업장은 바깥보다 10~15도 정도 더 더웠다. 한여름 더위를 따로 대비할 방법은 없다. 냉커피를 아무리 마셔도 졸음이 오고 행동이 느려진다. 땀이 쏟아지고 체력은 바닥난다. 그러거나 말거나 주방의 일은 계절과 무관하게 돌아가야 한다. 더 더워지기 전에 함께 먹을 카레를 끓인다. 까마득히 더운 날 끓이는 카레라니, 지옥 불이 떠오를 만하다. 그러나 여름 카레를 끓일 때면 마치 몸 깊은 곳까지 따뜻한 향이 스며드는 건식 사우나에 들어간 듯하다. 팬으로 노릇하게 굽는 이국의 향신료가 카레가 되기도 전에 몸과 마음을 먼저 데운다. 여름 채소들의 산도와 찬 기운을 향신료의 따뜻함이 잘 감싸 갑작스레 온 더위에 혼미해진 정신을 다시 붙잡게 한다. 정해놓은 건 아니지만 매년 여름 초입, 더위와 일에 지칠 즈음 카레를 끓였다. 마치 보양식을 찾는 것처럼 초여름의 '카레 의식'이 우리 사이에 생긴 것이다. 카레는 '올여름도 즐겁게 잘 나게 해주세요' 하는 기도일지도 모른다.

마트에서 파는 고형 카레 루로 손쉽게 끓여도 좋지만 이때만큼은 다양한 향신료를 직접 섞어 카레를 끓이는데 여러 단계를 거쳐야 해 조리 시간이 꽤 걸린다. 향신료 향을 맡으며 채소를 손질하는 동안 오늘 동료와 나눈 이야기나 앞선 일들에 보내야 하는 답변을 차분하게 다시 생각했다. 그것은 스스로 질문하고 답하는 과정이기도 했다. 동료의 질문은 디자이너로 일하다 요식업에 막 뛰어들었던 때의 나의 고민과 꽤 닮은 질문이었다. 그때 나는 주방 일에 매혹된 만큼 몸의 힘듦을 어떻게 관리해야 할지 몰라 금방 녹초가 되기 일쑤였다. 퇴근 후 시든 몸을 눕혀 천장을 바라보다 대책 없이 잠들었고 다시 아침이면 부리나케 출근해 같은 노동을 반복했다. 반복에 반복을 거듭하던 어느 순간부터 부쩍 견딜 만해지고 심지어 괜찮아진 나 자신을 발견했다. 전보다 조금 더 낙관적인 마음으로 앞날을 생각할 수 있게 되었다. 육체노동에 몸이 단련되는 동안 마음의 고민도 자연스럽게 해결된 것이다. 카레 안에서 채소와 향신료가 조화롭게 한 몸이 되는 것처럼, 그저 시간이 해결해주는 일들이 있다.

    재료를 모으고, 잘게 다지고, 열을 가해 냄새를 피우고, 볶고 섞고 모두 모아 뭉근하게 끓이는 카레처럼 인생의 순서와 방법을 이미 알고 있다면, 불안하지 않을 텐데……. 나는 순서와 맛을 예상할 수 있는 요리의 명쾌함이 좋아서 이 일을 시작한 것일지도 모른다. 남들이 말하는 것처럼 다 아는 인생이라는 건 정말 재미가 없을까, 삶을 재미로 사는 건가, 태어났으니 사는 게 아닐까……. 실없는 질문도 해본다. 그리고 이제 막 밥벌이의 세상을 구경 중인 동료를 생각한다.

    크게 한 솥 끓여 처음 먹을 때, 다음 날 한 번 더 끓여 먹을 때, 남은 것을 냉동고에 저장해두고 녹여 끓일 때……. 카레는 그때그때 맛이 다르다. 당시의 카레만이 낼 수 있는 나름의 맛이 있다. 그가 잠시간의 동료일지라도, 따끈한 카레를 함께 뜨며 앞으로의 날을 덤덤히, 씩씩하게 걸어갈 힘을 더불어 모으고 싶다.

카레쳐트니와 렌틸요거트카레

카레쳐트니

* 커리스파이스와 야채를 볶아 잼과 퓌레 중간 정도의 질감으로 만들어 두는데, 이를 '카레쳐트니'로 이름 지었다.

향신료

- 통흑후추 1큰술
- 고수씨 2큰술
- 겨자씨 1큰술
- 큐민씨 2작은술
- 펜넬씨 1작은술
- 강황가루 1/2큰술
- 가람마살라가루 2큰술(가람마살라가루는 브랜드별로 맛과 카레 파우더 함유율이 달라 맛을 보고 원하는 만큼 양을 조절한다.)
- 커리리프 3~4장(구하기 어려운 경우, 월계수잎 1장)
- 계핏가루 1작은술
- 파프리카가루 1작은술
- 넛맥가루 1/2작은술(견과류 알레르기가 있을 경우 생략한다.)

채소와 기타 조미료

· 큰 양파 2알

· 콜리플라워 1송이

· 완숙 토마토 2알

· 빨간 파프리카 1알

· 말린 홍고추 4~5개

· 구운 아몬드 20알

· 깐 마늘 5알

· 현미식초 1큰술

· 올리브오일 30밀리리터

· 아가베시럽 1큰술

· 꽃소금 1큰술

· 버터나 비건 버터 100그램 혹은 현미유 100밀리리터(채소 볶는 용)

* 10인분 기준

1. 바닥이 두꺼운 마른 팬을 화구에 올린다. 향신료 크기에 따라 흑후추 → 고수씨 → 겨자씨 → 펜넬씨 → 큐민씨 순서로 하나씩 달궈진 팬에 넣고, 향신료의 향이 올라오면 다음 향신료를 더하는 식으로 중 약불에서 향신

료를 볶는다. 냄비를 들어 냄비 바닥을 살살 굴려가며 열이 골고루 향신료에 닿도록 한다. 씨앗에 있는 수분을 날리고 고소한 맛을 올리는 과정이다. 향신료 향이 풍부하게 나면 불을 끄고 접시에 담아 잠시 식힌다.

2. 원두 그라인더나 절구에 볶은 향신료를 한데 넣고 성글게 간다. 향신료의 알갱이가 조금 살아 있는 것을 선호하면 거칠게 갈고 입에 씹히지 않는 걸 좋아한다면 곱게 갈아도 된다.

3. 오븐을 230도로 예열하고 오븐 팬에 토마토, 콜리플라워, 파프리카, 쪽마늘을 올리고 올리브오일, 소금 조금을 뿌려 굽는다. 크기가 작은 마늘이 가장 먼저 노릇하게 익는다. 오븐에 넣고 10분 정도 지났을 때, 마늘의 색을 보고 노릇하면 마늘만 꺼내둔다. 오븐 안에 다른 채소는 10분에 한 번씩 확인하고 돌려가며 노릇하게 굽는다. 토마토와 콜리플라워, 파프리카는 겉면이 좀 타도 맛있다. 구수한 맛을 얻기 위해 일부러 태우는 편이다. (30~40분 소요.)

4. 마른 홍고추는 그릇에 넣고 고추가 다 잠길 정도로 뜨

거운 물을 부어 불린다.

5. 오븐에서 야채가 익는 동안 양파 2개를 반으로 가르고, 모두 얇게(2밀리미터 정도) 슬라이스한다.

6. 바닥이 두꺼운 냄비에 요리용 기버터나 비건 버터 100그램 혹은 현미유를 넉넉히 두르고(냄비 바닥을 덮는 정도), 굵게 빻은 '2'의 향신료, 커리 리프까지 넣고 화구의 불을 켠다. 버터가 녹고 약불에서 향신료 향이 올라오면 채 썬 양파와 소금 한 꼬집을 넣는다. 양파가 투명해져 숨이 푹 죽을 정도로 볶는다.

7. 오븐에서 익고 있는 야채를 본다. (바쁘다.) 토마토의 겉면이 쭈글쭈글해지고 콜리플라워가 부드러워지고 통째 넣은 파프리카가 푹 꺼져 잘 익었으면 오븐에서 팬째 야채를 꺼낸다. 팬 위에는 야채에서 나온 맛있는 물이 있는데, 버리지 않고 모아둔다. 구운 야채를 잠시 식힌 후, 파프리카의 껍질과 꼭지, 씨앗을 조심히 벗겨 제거한다. 팬에 고인 채소 물과 부드럽게 익은 토마토, 콜리플라워, 파프리카 과육, 그리고 불려서 물기를 뺀 홍고추를 모두 한 그릇 또는 믹서기 통에 넣는다. 구운

아몬드와 소금 1작은술, 현미식초 1큰술, 미리 빼두었던 구운 마늘, 아가베시럽 1큰술, 올리브오일 30밀리리터를 넣고 곱게 간다. 맵고, 구수하고 새콤달콤한 채소퓌레 완성. 채소의 질감을 살리고 싶으면 성글게 갈아도 된다.

8. 향신료와 함께 볶은 양파에 '7'의 채소 퓌레를 넣어 섞고, 남은 가루 향신료를 더한다. 강황가루 1/2큰술, 가람마살라 2큰술, 계핏가루 1작은술, 파프리카가루 1작은술, 넛맥가루 1/2작은술을 모두 넣어 골고루 섞고, 약불로 뭉근하게 졸인다. 되직한 소스가 불 위에서 팍! 하고 튀는 경우가 있으니, 조심히 바닥에 눌어붙지 않도록 저어주며 졸인다. 묽은 잼 정도의 농도가 되면, 소금으로 간을 맞추고 크러시드레드페퍼로 매운맛을 조절한다. 카레쳐트니 완성!

카레쳐트니로 만드는 렌틸요거트카레

- 카레쳐트니 1컵
- 해치우고 싶은 채소나 곡물
- 렌틸콩 1/2컵
- 플레인 요거트 1/3컵(비건은 두유 요거트나 캐슈 밀크를 넣는다.)

1. 요거트는 카레쳐트니 1컵당 요거트를 1/3컵 비율로 섞어 데우면 요거트카레가 된다. 요거트의 산도를 보고 쳐트니와 요거트의 비율을 조절한다. 너무 실 경우 올리고당이나 설탕을 살짝 넣는다.

2. 팬에 렌틸콩을 넣고, 콩이 자작하게 잠길 정도로 물이나 채수를 부어 가볍게 익힌 다음, 요거트 카레에 넣는다. 카레의 보관 기한을 늘리려면, 렌틸콩은 먹을 때마다 넣는 것이 좋다.

3. 부드러운 맛을 좋아하면 생크림을 조금 섞어도 된다. 부드럽게 익힌 감자를 카레쳐트니에 넣어 버무려 먹어도 좋다.

* 완성한 카레는 제법 맵다. 매운맛을 내는 재료의 양을 가감하여 카레의 맵기를 조절할 수 있다. 만드는 과정이 꽤 길고 복잡하지만, 향신료를 고르고, 팬에 볶으면서 부엌을 가득 채우는 따끈한 향신료 향이 마음을 안정되게 하여, 머리가 복잡하거나 기운이 없을 때, 꼭 카레를 만든다.

살림, 우리가 사는 방법

구인 공고를 냈다.

- 창의적이고, 다양한 일을 수행하는 데서 만족감을 느끼는 분
- 정리 잘하는 분, 주방이 익숙한 분
- 육체노동에 익숙한 분 (매우 중요)
- 신체 건강한 분, 예술인, 행사 및 출장 일 경험자 우대

여기에 보통 '면접 시 논의'로 뭉뚱그려 적는 급여를

구체적으로 기재하였다. 지원자의 경력은 그저 참고만 하려고 마음먹었다. 호기로운 구인 공고와 다르게 어떤 분들이 얼마만큼 지원할지 가늠되지 않아 초조하게 메일함만 들여다봤다. 첫 번째 메일의 이력서는 몇몇 행사의 업무 이력이 깔끔하게 정리되어 있었다. 정작 나를 사로잡았던 것은 그가 이력서 말미에 적은 '살림'에 관한 것이었다.

아침에 일어나 밥을 하고, 세탁기를 돌리고, 냉장고의 식량을 파악하고, 장을 보고, 간단한 업무를 본 후 내일을 준비하다 휴식을 취하는 일상에 관한 이야기. 우리는 이걸 살림이라고 한다. 그의 성실하고 담백한 살림에 기대감이 들었다. 처음 들어온 이력서임에도 불구하고 면접 일정을 잡았다. 그리고 지금까지 그는 나와 함께 일한다.

나의 살림은 그의 이력서만큼 체계적이지는 못했다. 일에 치이는 노동자의 집은 살림을 챙기지 못하는 티가 역력하기 마련이다. 개수대에 대충 놓인 설거짓거리, 마룻바닥에 고스란히 보이는 반려동물과 사람의 털, 체취를 풍기며 세탁기 위에 쌓인 빨랫거리, 먹고 남은 걸 어수선하게 넣어둔 냉장고, 불룩한 쓰레기봉투……. 에너지가 다했다는 핑계로 미뤄둔 집안일이 곳곳에서 불어난다. 그러던 어느 휴일, 문득 집의 꼬락서니가 눈에 들어오면, 크게 심호흡하며 밀린 살림을 다시 시작하는 식이었다.

쉬는 날이면 누워서 빈둥거리며 끼니도 건너뛰기 일쑤이던 내게 사람은 자고로 된장국을 먹어야 건강하게 살 수 있노라고 말하던 친구가 있었다. 그러고는 친구는 탁자부터 반질반질 닦았다. 비로소 깨끗해진 탁자 위에 집에서 가져온 반찬을 접시에 조금씩 덜어놓고 따뜻한 국과 밥을 놔주었다. 친구가 곁을 떠나고 그날의 기억을 되새김질하는 방식으로 살림을 시작했다. 여전히 구멍 많은 살림 실력이지만 살림은 주위를 돌아보는 가장 확실하고 선명한 방법이란 걸 깨달았다. 살림은 내 삶의 가장 뿌연 구석까지 밝게 빛내주는 능력이다.

이력서를 읽으며 떠올린 그의 집은 단단하고 깨끗한 모습이었다. 예상대로 그는 천천히 사업장에 적응하더니 아주 능숙하게 자신의 살림 실력을 보여주었다. 든든한 동료를 얻은 나는 한결 수월하게, 또 힘차게 직업 생활을 함께 이어가고 있다.

 창을 열고 밖을 보며 앉아 있는데, 어딘지 된장국처럼 구수한 가을 냄새가 집 안으로 들어온다. 잎을 떨구는 나무와 흙에서 오는 냄새인지, 어느 집에서인가 보글보글 끓이는 찌개 냄새인지 구분이 되지 않지만 같이 살아가고 있다는 구수한 기색이 싫지 않다. 집으로 흘러들어오는 누군가의 살림 냄새를 맡으며 다시금 살림을 그리고 삶을 시작할 마음의 준비를 한다.

엄마의 감자된장국

엄마로부터 전수받은 이 된장국은 앞선 에피소드에서 소개한 된장국과는 다른 맛의 된장국이다. 자신이 배운 방식대로 된장국을 끓여 나를 먹이고 살림 인생을 시작하게 한 친구처럼 내 엄마가 알려준 방식을 소개하고 싶다.

국물

- 국물용 멸치 10~15개(약불로 달군 팬에 살짝 볶은 것)
- 다시마 사방 5센티미터 사각형으로 4장
- 마른 표고 2~3개
- 건새우 1큰술(생략 가능)
- 대파 1대(깨끗이 씻어 뿌리까지 전부 씀)
- 10센티미터 높이로 자른 무의 흰 부분 한 도막

건더기

- 2~3년 된 집된장 1큰술(염도에 따라 양조절)
- 청양고추 1개
- 감자 2알
- 애호박 반 개
- 흰 양파 1개

1. 냄비에 국물용 재료와 물 1리터를 넣고 중간 불로 끓인다. 물이 끓어오르면 30분 정도 더 끓이되, 물이 끓기 시작했을 때 다시마만 건져낸다.

2. 육수가 우러나오면 체로 국물용 재료들을 건져낸다.

3. 된장 1큰술을 육수에 풀고, 1센티미터 정도 두께로 썬 감자를 가장 먼저 넣고 반 정도 익으면 애호박, 흰 양파를 순서대로 넣는다

4. 중간불에서 감자가 부드럽게 익을 때까지 뭉근하게 끓이다 다 익으면 청양고추 1개를 크게 썰어 넣고 불을 끈다.

* 어머니표 감자된장국의 맛을 내려면 집에서 담근 2~3년 된 된장을 쓰는 게 좋다. 만약 슈퍼에서 산 된장이라면 육수에 건더기 채소를 넣고 익힌 다음 불을 끄기 전 마지막 단계로 된장을 넣는다. 집 된장은 끓일수록 거친 잡맛이 날아가고 깊은 맛이 나는데, 공장에서 만든 된장은 그렇지 않다.

바쁨의 얼굴

"그런데 사실……" 하며 시작하는 장문의 문자가 왔다. 엊그제 울음을 터뜨릴 것 같은 얼굴로 행사장에 서 있던 동료였다. 실수할 때마다 "왜 그러는 거죠?"라고 묻는 내 반응이 큰 상처가 되었다는 내용이었다. 과중한 업무로 한껏 예민해진 상태에서 주위의 자잘한 실수에 여유 없는 반응을 보인 것 같다. 다정함과 친절함은 공동 작업의 필수 덕목임에도 바삐 돌아가는 상황에서 다짐은 쉽게 물거품이 됐다. 내 입에서 "이렇게 하세요, 저렇게 하세요, 왜 못해요? 왜 그래요?" 같은 딱딱하고 기계적인 훈수와 면박이 흘러나온 것이다.

그는 이야기를 잘 듣는 사람이고, 일하면서 "좋아요, 고마워요"라는 말을 자주 하는 사람이다. 앞날을 살펴보는 신중함과 적극적으로 나아가는 용기가 있는 사람이다. 같이 일하기 전에 그는 SNS나 매체 인터뷰를 통해 나와 내가 하는 일을 봐왔을 것이고, 함께 일하면서부터는 그 뒤의 민낯을 봤을 것이다. 그 간극에서 혼란스러웠을 텐데도 그는 흥분하는 법이 없었다. 내게 자신의 실수에 대한 반응이 지나치게 감정적이었다고 말하며 자신이 잘못 알고 있는 걸 말해주면 노력해보겠다고 했다. 그는 사업장의 요리를 해왔던 사람이 아니었고 아직 주방이 어색한 몸을 가졌지만 탐색하는 자세와 반짝이는 눈빛을 가졌다. 서툰 손끝이지만 가르쳐주는 걸 메모하고 반복해 연습했다.

그에게 샐러드를 처음 맡긴 날이었다. 하루 서른 개 이상의 샐러드 만들기를 반복하자 만드는 접시마다 나름의 변주가 그에게도 생겼다. 처음과 분명히 다른 샐러드 접시들이 만들어졌다. 다음 행사에도, 그다음 행사에도 다양한 재료의 아름다운 빛깔과 질감을 지닌 샐러드 만들기를 그에게 맡겼다. 그는 충분히 성과를 인정받을 만한 직원이었는데, 반대로 나는 매사 엄격하고 바쁠 땐 신경질적인 상사였던 것 같다. 관리자임에도 바쁜 상황을 핑계로 도망치기 바빴다. 바쁨은 그럴 때 늘 나쁜 얼굴을 보였다.

크고 작은 기업체로부터 문화 활동 프로젝트를 맡고는 한다. 함께 모여 음식을 만들며 직장에서 받는 스트레스를 완화하는 '푸드 테라피' 프로그램이다. 근래에는 공기업과 공립 어린이집을 각각 방문했다. 공기업에서는 커다란 태극기가 세미나장 스크린 옆에 놓여 있었다. 수업 시간이 되자 사무 복장을 한 여러 연령대의 직원들이 들어왔다. 자리에는 직급과 부서가 표시되어 있었다. 반면 어린이집은 원장 선생님을 제외하고 모든 분이 앞치마를 입고 있었다. 공간은 환했고, 아이들이 쓰는 많은 물건이 전부 이름표를 달고 깨끗하게 정리되어 있었다. 어디든 누워 굴러도 될 정도로 윤이 났다. "이건 뭐 하는 거예요? 누구세요?" 수업 공간에는 다른 방에서 수업 중인 아이들의 질문과 그들을 챙기는 소리가 새어 들었다.

어느 공기업에서는 정원을 닮은 샐러드 만들기 수업

을 진행했다. "저는 샐러드는 잘 계획해 만든 아름다운 정원이라고 생각합니다. 여러 다른 재료의 화합이 있기에 아름다울 수 있죠. 여러분들처럼요. 물론 같이 지내시기에 괴로울 때도 있겠지만요." 사람들에게서 작은 웃음이 터져나왔다. 이번에도 만들기 시연을 그에게 맡겼다. 수강생들이 재료를 집은 그의 손끝을 숨죽여 지켜봤다. "선생님, 샐러드가 너무 예뻐요!"라고 바로 말하는 분도 있었다.

샐러드를 만드는 한 가지의 방법을 알려주고 나자, 각자가 자기만의 샐러드를 다양하게 만들기 시작했다. 도시락에 채소로 얼굴을 만드는 이도, 비슷한 듯 다른 정렬법으로 밭을 일구는 이도, 연신 입에 넣어 도시락에 넣을 재료가 모자란 이도 있었다. 샐러드 만들기는 잘 완수해야만 하는 일은 아니기에 자유롭게 꾸밀 수 있는 여유를 주었고, 그렇게 완성된 샐러드의 각기 다른 개성에 기뻤다. 샐러드의 면면을 구경하고 웃고 떠들며 시간을 보내는 동안 피로한 사람들의 낯빛이 밝아졌다.

사뭇 다른 환경의 회사들이지만 얼굴에 묻은 비슷한

피로와 몸에 밴 격식을 보며, 내가 일군 작은 사업장이 자연스레 떠올랐다. 내가 타인에게 얼마나 많은 것을 바랐는지 말이다. 다양한 재료의 조화를 꾀하는 샐러드가 공동체와 비슷하다고 강의에서 말했지만, 공동체의 모습이 샐러드처럼 아름다울 수만은 없다. 내게도 직장은 숨이 막혀 도망치고 싶은 곳이었고, 바쁨은 늘 심술궂은 얼굴을 하고 있다. 그럼에도 함께 모여 매일 이어가야 한다는 점이 직장의 가장 큰 괴로움일 테다. 내뱉은 말의 무게를 생각하며 그에게 사과했다. 지독스러운 바쁨의 얼굴에 받은 상처가 치유되기를 바라면서.

정원초밥

숙성시킨 생선과 갖가지 고명을 올려 화려하게 장식한 일식 지라시 초밥도 좋지만, 새우와 채소 정도로 간소히 만들면서도 꾸미는 재미가 있는 쉬운 초밥을 소개한다. 이 요리도 그와 함께 만들었다.

초밥

· 고슬고슬하게 지은 흰쌀밥 1공기

· 초밥초 2큰술

· 소금 적당량(밥 밑간용)

· 참깨나 검은깨 1작은술

· 참기름 1작은술

고명

· 생감태 1장(싸 먹기 좋게 자른다.)

· 데친 새우 3마리(식초를 1큰술 넣은 끓는 물에 데치면 새우가 더 탱글탱글하고 잡내가 없다.)

· 달걀지단 채 썬 것 한 줌

· 오이 1/3토막: 2밀리미터 간격으로 슬라이스 하고 소금을 한 꼬집 뿌

려 골고루 버무린 후, 물이 빠지면 손으로 꼭 짜둔다.

- 콩 반찬 1작은술(없으면 생략 가능)
- 마늘장아찌 1알(얇게 슬라이스)
- 표고버섯 간장조림 2알

초밥 만들기

1. 밥이 따뜻할 때 초밥초와 참깨를 넣고 밥주걱을 세워 살살 섞어준다. 소금으로 부족한 간을 한다.

2. 밥공기에 참기름을 바르고, 간을 한 밥을 넣어 살짝 윗면을 눌러준다.

3. 접시에 밥공기를 뒤집어 참기름이 묻은 밥을 꺼내고 고명을 올리기 위해 밥의 봉긋한 윗면을 조금 평평하게 다진다.

표고버섯간장조림

1. 냄비에 물 두 컵을 넣고 미림 1큰술, 진간장 1/3컵, 다시마 사방 5센티미터 1장, 생강편 2개를 넣고 잘 섞고 5분 정도 중약불에서 끓인다.

2. 기둥을 떼어낸 표고 지붕을 2등분해, 조림간장이 든 냄비에 넣는다.

3. 조림간장이 중약불에서 보글보글 끓으면 다시마를 건지고, 표고에 간이 배고 수위가 줄어들어 버섯에서 윤기가 나면 불을 끄고 건져 식힌다.

고명 올리기

고명을 올리는 방법에 정답은 없다. 자신만의 방식으로 잘 정리해 올리면 된다. 아래는 한 가지 방법이다.

1. 채 썬 달걀 지단을 평평한 밥 위에 깐다.

2. 그 위에 크고 무거운 재료에서 작고 가벼운 재료 순으

로 순차적으로 올린다.

3. 표고버섯간장조림 2~3개를 평평한 밥 위에 삼각형 구도로 놓는다.

4. 표고 옆에 데친 새우를 놓는다.

5. 소금에 절여 물기를 꼭 짜둔 오이를 표고와 새우 가운데에 놓는다.

6. 슬라이스 한 마늘장아찌를 사이사이 끼워준다.

7. 반짝이는 콩을 군데군데 넣어 장식한다.

* 가지고 있는 반찬 어느 것이든 더 올려도 좋다.

* 먹기 좋게 자른 생감태나 김에 고명과 밥을 골고루 싸 먹는다. 와사비 간장을 곁들여도 좋다.

시장으로부터

늘 겪어온 일인데도 막상 장마가 되면 날씨가 이토록 변덕스러웠는지, 축축하고 눅눅했는지 새삼 다시 생각하게 된다. 그리고 청량리 청과물 시장을 떠올린다. 과일과 장마라니 뜬금없는 연결이려나.

2015년 '푸드디자인'이라는 종목으로 사업자를 등록했다. 주변 지인들 덕분에 일을 시작한 지 얼마 되지 않아 행사 음식을 여러 곳에서 부탁받았다. 처음에는 모든 과정을 혼자서 진행했다. 당시 나는 짐차는커녕 운전면허조차 없었다. 그저 주어지는 일에 감개무량한 나머지, 온몸으로 박치기하듯 일했다.

　차 없는 자의 장보기 순서는 매우 복잡하다. 우선 필요한 품목을 마트와 시장으로 구분한다. 마트와 시장의 위치에 따라 동선을 짠다. 가공식품은 마트에서 사 당일 배송을 보내고, 나머지는 가까운 청량리시장에서 장을 봤다. 청량리시장은 행정 구역상으로도 여러 동에 걸쳐 있는 넓은 시장이다. 무엇보다 시장 안의 가게 위치를 잘 파악해야 했다.

　마음에 드는 가게를 점찍어놓고, 채소 구역에서 나물과 버섯을 산다. 감자, 고구마, 양파 같은 무거운 채소는 종이상자에 담아주길 부탁한다. 접이식 카트를 펼쳐 맨 밑단에 무거운 상자를 놓고 나머지 짐을 차곡차곡 쌓는다. 금세 카트는 내 몸뚱이보다 높고 무거워진다. 시장의 비포장도로 앞에서는 카트를 몰기 전에 크게 호흡을 한다. 카트를 넘어뜨리지 않으려면 고도의 집중력이 필요하다. 몹시 고생스러운 과정이지만 좋은 품질의 채소를 싼 가격에 살 수 있는 시장을 포기하기 어려웠다.

그러던 중에 장마가 온 것이다. 비가 오거나 말거나 일을 맡았으면 청량리시장에 가야 했다. 약해졌다가도 다시 드세지는 빗줄기를 원망하며 채소도 나도 미리 씻겨지는 날이었다. 비를 철철 맞으며 시장의 젖은 흙길 위로 카트를 밀다가 잠시 차양 아래로 들어갔다.

'지금 도대체 뭐 하는 거지?'

덜컥 앞으로의 인생이 무겁고 무서웠다. 시장 바닥에서 흐물거리는 종이상자처럼 처량했다. 남의 지붕 밑에서 비가 잦아들길 기다렸다. 지붕 없는 삶이 이런 걸까. 괜히 하늘과 부모를 원망했다.

"자, 좀 비켜주세요!"

그때였다. 내 카트보다 곱절은 무겁고 튼튼한 카트를 미는 작은 몸집의 아주머니였다. 채소와 과일 상자를 비닐로 꼼꼼하게 두른 채였다. 무섭게 내리는 비도 축축한 바닥도 그에게는 별문제 아닌 듯했다. 그에게는 상품을 젖지 않게 하는 게 우선이었다. 문득 주변 상점과 가판에 서 있는 다른 여자 어른들도 보였다. 원망도 상념도 없는 굳건하고 용기 있는 얼굴들이었다. 그사이 궂은 날씨에 칭얼거리며 자기 연민에 가득한 내가 서 있었다. 나는 마음을 고쳐먹었다.

'튼튼한 지붕은 스스로 만들어야지!'

이날부터라고 하기엔 조금 과장이지만, 신세 한탄을 하고 싶은 날에는 씩씩하게 카트를 밀던 아주머니를 떠올린다. 시간이 지나 나도 면허를 땄고, 짐을 실을 차도 갖게 되었다. 같이 일하는 동료도 생겼고 온라인으로 장을 보기도 한다. 그동안 시장은 간판과 도로가 정비되었고 아케이드도 생겼으니, 그날처럼 고생할 일은 없겠다 싶다. 그렇다면 우리에게 지붕이란 게 생긴 걸까.

지붕은 모르겠지만 그간 공부는 된 것 같다. 영어로 치자면 알파벳을 더듬더듬 외우던 내가 띄엄띄엄 회화 정도는 할 수 있게 된 것이다. 다만 이 공부는 정해진 교재와 선생이 없다. 굳이 꼽자면 청량리시장이 나의 교재였고 그곳의 어른들이 선생님이었다. 작은 일도 반듯하고 제대로 해내는 분들과 말을 나누며 일을 배운 셈이다. 팬데믹 이후 오랜만에 시장을 찾았다. 나를 먼저 알아보고, 늘 찾는 물건을 꺼내주고, 코로나 기간은 어떻게 지냈느냐 안부를 묻는다. 시장의 사장님들과 대화하면 그들의 맑은 얼굴에 걱정스러운 마음이 말끔해진다. 시장을 가득 메우는 어른들이 나를 품고 가르치는 것이다.

봄나물보리비빔밥

각종 나물과 갓 볶아 짠 참기름이 지천인 시장이야말로 맛있는 비빔밥이 탄생하기 적합한 곳이다. 국수가 유명하지만, 실은 보리비빔밥이 더 맛있는 집을 찾아냈다. 주방을 중심으로 네모나게 놓인 바 형태의 식탁에 사람들이 둘러앉았다. 가게에는 손을 뒤집개 삼아 전을 굽는 등이 굽은 어르신이 있다. 그의 두툼한 손을 구경하며 밥을 기다린다. 보리밥에 콩나물, 부추, 도라지무침, 상추, 오이절임, 무생채 등을 잔뜩 얹고 노른자가 살아 있는 달걀 프라이를 올리고, 깨와 참기름을 휘휘 두른다. 특별할 것 없는 재료인데 모두 모이면 기똥찬 맛이 난다. 맛의 일등공신은 고소한 참기름이다. 잘 볶아 고소한 향이 살아 있는 것으로 보아 착즙한 지 얼마 되지 않은 참기름이다. 고추장을 아주 조금만 넣고 골고루 비빈다. 비빔밥을 만들 때면, 이 집의 보리비빔밥을 생각한다. 특별히 신경 써 만들어도 이 집에 비해 모자라다. 그래도 봄이면 쉬이 잘 상하는 나물들을 해치우기 좋은 비빔밥을 꼭 해 먹는다. 그중에 손이 제일 많이 가는 나물 비빔밥 하나를 소개한다.

엄나무순과 두릅무침

1. 엄나무순과 두릅 한 줌(모두 10개 정도)을 두꺼운 장갑을 끼고, 거친 밑동을 조심히 자른다.

2. 엄나무순과 두릅을 찬물에 헹군다.

3. 물 2리터에 소금을 1큰술 넣고 끓인 물에 숨이 살짝 죽을 정도로만 데친다. 오래 데칠수록 부드러워지고 쓴맛이 사라지는데, 식감과 쌉싸름한 맛을 살리는 것이 좋으면 살짝 데친 후, 찬물에 30분 정도 담가둔다.

4. 부드러워진 가시나 두꺼운 껍질 부분을 완벽히 다듬고 반으로 갈라 물을 꼭 짜둔다.

5. 고추장 1큰술, 현미식초 1큰술, 들기름 1큰술, 깨소금 1큰술, 소금 한 꼬집을 넣고 양념장을 만든다.

6. 데쳐둔 엄나무순과 두릅에 양념장을 넣고 조물조물 무친다. 샐러드처럼 코팅하듯이 버무리는 것이 아닌, 손에 힘을 주어 빠득빠득 무친다.

참나물무침

1. 된장 1큰술(된장의 짠 정도에 따라 양을 조절한다), 참기름 1/2큰술, 파 흰 부분 다진 것 1/2 큰술, 으깬 마늘 1알, 깨소금 1/2 큰술을 섞어 된장 양념을 준비한다.

2. 참나물 150그램을 끓는 물에 줄기부터 넣는다. 숨이 죽을 정도로만 데친 참나물을 건져 찬물에 헹궈 식히고, 물기를 꽉 짠 다음 된장 양념장에 무친다. 간을 보고 된장이나 소금을 더 넣는다.

오이깨무침

1. 오이 1개를 굵은 소금으로 오이 껍질을 박박 문질러 씻는다. 오이의 양 끝을 자르고, 2밀리미터 두께로 오이 편을 썬다. 썰어놓은 오이에 소금을 1작은술 정도 뿌리고 잘 섞는다. 오이에서 물이 나오면 꽉 짜둔다.

2. 믹서기에 참깨 50그램을 넣고 곱게 갈아 깻가루를 만든 다음, 식초 1큰술, 소금 1작은술과 함께 섞어 갠다.

깨식초양념을 물을 꼭 짠 오이에 넣고, 손으로 꽉꽉 주물러 간이 배게 한다. 냉장고에서 차게 식힌다.

달래간장

1. 달래 한 줌의 뿌리를 잘 다듬고 다진다.

2. 간장 4큰술, 참기름 1큰술, 고춧가루 1작은술, 깨소금 1작은술, 매실청이나 설탕 1작은술을 넣고 양념장을 만든다.

3. 양념장에 다진 달래를 넣어 반나절 숙성시킨다.

봄나물보리비빔밥

1. 대접에 담은 보리밥에 깻잎 3장 채 썬 것, 돌나물 조금, 엄나무순과 두릅무침, 참나물무침, 오이깨무침을 취향대로 적당히 얹는다.

2. 달걀프라이를 얹고 참기름을 둘러 잘 비빈 후, 달래간장으로 간을 맞추어 먹는다.

체크리스트

앞으로의 건강한 직업 생활과 삶을 영위하기 위해 여러분은 무엇을 하고 있나요? 좋은 컨디션은 어떻게 유지하나요? 아래 체크리스트를 살피며 생각해보아요.

먹기

☐ 다양한 재료를 골고루 먹고 있는가?

☐ 채소를 챙겨 먹고 있는가?

☐ 술, 담배를 조절하는가?

☐ 배달 음식을 자제하고 있는가?

☐ 무엇을 먹느냐에 따라 속이 불편하거나 편한지 알고 있는가?

☐ 자신에게 필요한 영양소를 파악하고 있는가?

☐ 지칠 때 먹는 음식이 따로 있는가?

쉬기

- [ ] 자신에게 맞는 휴식 방법을 알고 있는가?
- [ ] 잘 자는가?
- [ ] 쉬는 공간을 정리하는가?
- [ ] 청소를 하는가?
- [ ] 회복을 위한 자신만의 방법을 알고 있는가?
- [ ] 멈출 줄 아는가?
- [ ] 거리 두기를 할 줄 아는가?

놀기

- [ ] 자신만의 스트레스 해소 방법이 있는가?
- [ ] 자신에게 즐거움을 주는 방법을 알고 있는가?
- [ ] 혼자 놀 줄 아는가?
- [ ] 함께 놀 줄 아는가?
- [ ] 꾸준히 하고 있는 게 있는가?
- [ ] 일주일에 2회 이상 산책이나 운동을 하는가?
- [ ] 남을 돌보는 일을 즐기는가?

콜리플라워수프
: 휴식을 닮은

- 콜리플라워 500그램(대략 1송이)
- 양파 채 썬 것 250그램(대략 큰 양파 1/2개)
- 마늘 1알
- 코코넛오일 1큰술
- 아몬드가루 3큰술
- 소금 1/2큰술 + 한 꼬집
- 월계수 잎 1장
- 물 1리터
- 통후추 5알
- 올리브유 2큰술
- 무첨가 두유 300밀리리터

1. 콜리플라워는 한 입 크기로 잘라 종이 포일을 깐 오븐 팬에 놓고 소금(1/2큰술)을 골고루 뿌려 버무리고, 윗면을 은박 포일로 덮어 포일 봉지를 만든 다음, 200도로 예열한 오븐에서 15분 정도 부드럽게 익힌다.

2. 콜리플라워에서 수분이 나오며 부드럽게 익으면, 은박 포일을 벗기고, 올리브오일을 넉넉히 둘러 200도에서 10분 더 굽는다.

3. 바닥이 두꺼운 냄비에 올리브유, 채 썬 양파, 편 썰기를 한 마늘, 소금 한 꼬집, 월계수 잎을 넣고 잘 버무려 중불에 올린다.

4. 모든 재료가 열에 익기 시작하면, 코코넛오일을 1큰술 넣고, 냄비 뚜껑을 덮어 양파 자체의 수분으로 천천히 익힌다. 양파가 옅은 갈색이 날 정도로 볶는다.

5. 양파가 옅은 갈색을 띠면 아몬드가루를 넣고, 날가루 냄새가 없어질 정도까지만 빠르게 볶은 후, 1리터 분량의 물을 넣고, 가루가 뭉치지 않게 잘 풀어준 다음, 통후추를 넣는다.

6. 냄비가 끓어오르면, 약불에서 뚜껑을 닫고 15분 정도 부드럽게 익힌다.

7. 월계수 잎을 건지고, 오븐에서 익힌 콜리플라워와 함께 믹서기에 넣어 간다.

8. 두유를 넣고 한 번 더 갈아준다.

9. 곱게 갈린 수프의 간을 보고 부족한 간은 소금으로 한다.

* 1, 2인분만큼 소분해 저장해두면 나중에 해동해 먹기 좋다. 바로 먹을 분량은 냉장 보관으로 5일 이내에 먹고, 나머지는 냉동하여 보관하면 4주 이상 두고 먹을 수 있다. 냉동한 수프는 냉장 해동 후, 무첨가 두유를 조금 넣어 따뜻하게 혹은 차게 먹는다. 냉동 후 해동하면 수프가 살짝 분리되어 있으나, 잘 섞어 끓이면 알맞은 농도가 된다.

살아갈 기운

고향 음식

학교가 파하고 정문으로 걸어 나오는데 아라야, 하고 부르는 소리가 들린다. 하교하는 아이들 사이로 목을 빼고 나를 찾는 엄마가 보인다. 쏜살같이 달려가 엄마 앞에서 방방 뛴다. 아스팔트 포장이 되지 않은 흙길, 노란 먼지가 바람에 날렸다. 상인들은 노점 주위로 물을 끼얹으며 먼지를 잠재웠다.

엄마는 장을 보러 온 김에 딸 마중도 나온 것이었다. 학교 근처 슈퍼마켓에서 모두부를 사고 주위에 선 노점, 방앗간, 생선 가게에서 이런저런 찬거리를 샀다.

"저녁에 뭘 묵고 싶어?"

엄마가 묻는다. 먹고 싶은 것은 분명했지만 궁리하는 척 조용히 걸었다. 곧 분식 마차가 나올 시간이기 때문이었다. 타이밍에 맞춰 신나게 대답한다.

"핫도그!"

끓는 기름통에 핫도그를 나무젓가락만 보이게 거꾸로 꽂아 보글보글 튀긴다. 주위에는 초벌로 튀겨놓은 날씬한 핫도그가 있는데, 여기에 밀가루 반죽을 한 번 더 입혀 핫도그를 커다랗게 만드는 중이었다. 기름에서 건져 몇 번 털어낸 핫도그를 바로 옆 흰설탕 통에 눕혀 굴린다. 설탕 방망이가 된 핫도그에 케첩을 올리는 건 내 몫이다. 조심스레 지그재그 케첩을 올린다. 그렇게 완성된 핫도그를 앞니로 베어 물면 짭조름하고 시큼한 케첩과 바삭한 흰설탕, 기름진 핫도그 반죽이 입안에서 섞인다. 만족스럽게 웃는 입가에는 케첩과 설탕이 잔뜩 묻어 있다. 소중한 소시지는 가장 나중에 먹을 계획이다.

"그라고 맛있어? 그래도 저녁은 먹어야 된디!"

아무려나, 나는 오물오물 핫도그에 집중할 뿐이다. 그러면서 엄마가 무엇을 사는지도 본다. 시금치, 콩나물, 숙주, 산나물 그리고 고등어……. 동그란 나무 도마에서 짧은 칼로 고등어의 머리와 내장을 정리하고, 세 토막 난 그것을 검정 비닐봉지에 담아주던 날랜 솜씨는 아직도 기억에 생생하다. 그때 옆 가게 아주머니와 엄마가 이런 대화를 한다.

"오메, 저것이 맛있는디!"
"지금 젤로 맛있제! 한 댕이 가져가셔!"

도대체 저게 뭔가! 기름지고 가느다란 머리카락을 양손 모아 잘 빗어 말아 얹은 것 같다. 아주머니가 제일 커 보이는 한 덩이를 집어 봉지에 담고 남은 것에 물을 끼얹으며 흐트러진 검은 실을 쓰다듬는다. 그때는 저게 저녁 식탁에 올라올 거라곤 생각지 못했다. 퇴근한 아버지가 다 차린 상을 옮긴다. 뒤로 어머니가 밥과 국을 들고 따라오는데, 상에 놓이는 국그릇에 검푸른 것이 가득하다.

"아라, 너도 매생이 묵어볼래? 을매나 맛있는지 아냐?"

저절로 고개가 흔들린다. 도대체 이게 뭔지, 입에 대기도 싫다. 매생이가 숟가락에서 미끄러져 떨어지지 않자, 엄마와 아빠는 국그릇을 들어 마신다. 그러면서 "어따! 뜨겁다!" 한다. 나와 동생은 그들의 입술과 이빨에 붙은 가는 해초들을 보며 괴물 같다고 했다. 이런 것에 밥까지 말아 먹는 어른들이 신기하기만 했다. 어머니는 매생이를 자르지 않고 끓였다. 국물을 한 모금 마시면 끊임없이 딸려 오는 검은 덩어리를 즐겼다. 국물에 풀린 매생이는 어항 속에서 솜털처럼 자라는 수초 같았다.

"느그들은 아직 맛을 모르지."

어른이 되어 어느 순간 속이 따뜻해지는 동시에 시원해지는 매생이의 맛을 알게 되었다. 그러나 서울 여느 식당의 굴국밥에 든 매생이는 성에 차지 않았다. 그러다 시장에서 암녹색의 머리카락을 닮은 그것이 눈에 들어왔다. 직접 매생이를 다뤄볼 때가 된 것이다. 어머니에게 레시피를 묻자 별거 없고 매생이가 다한다고 하였다. 소고기나 멸치육수를 내서 매생이를 풀고 다진 마늘 조금 넣고 끓여 국간장으로 간을 하면 된다는 것이다. 다만 많이 끓이면 향이 날아가니 오래 끓이지 말라고 당부했다. 매생이의 밀도를 조절하다, 지금의 나보다 어린 엄마가 제대로 차려주었던 밥상을 그리워하는 나를 발견했다.

작은 양식당에서 일하던 어느 날, 이태원 마트에서 평소 접하지 못한 재료들을 보다 문득 매생이리소토가 떠올랐다. 식감이 탱탱한 보리에 새우, 굴, 소량의 버터와 마늘로 리소토를 만들고 마지막에 매생이를 풀어 넣으면 매생이의 부드러운 향과 감칠맛이 어우러진 근사한 리소토가 될 것 같았다. 역시나 매생이를 넣으니 초록빛이 도는 특별한 리소토가 되었다. 접시에 담아 쌉싸름한 올리브오일을 둘러준다. 크러시드레드페퍼를 뿌리거나 청양고추를 조금 다져 넣어 매콤하게 먹어도 맛있고, 무를 채 썰어 같이 볶아 넣어도 맛있다.

특별한 요리를 생각해야 할 때면 어김없이 먼 기억 속 남도 음식을 떠올린다. 어머니, 아버지가 20년에 걸쳐 내게 준 유산이다. 그렇게 만든 요리는 나의 오랜 뿌리와 새로운 배움이 혼재되어 국적 불명에 가깝다. 그럼에도 어린 시절 미식 경험이 지금의 음식에 영향을 미치는 게 신비하고 자랑스럽다. 내 음식도 누군가의 입에 기억으로 자리하고, 그것이 다시 요리하는 손으로 나타난다면, 몹시 감격스럽고 뿌듯할 것 같다.

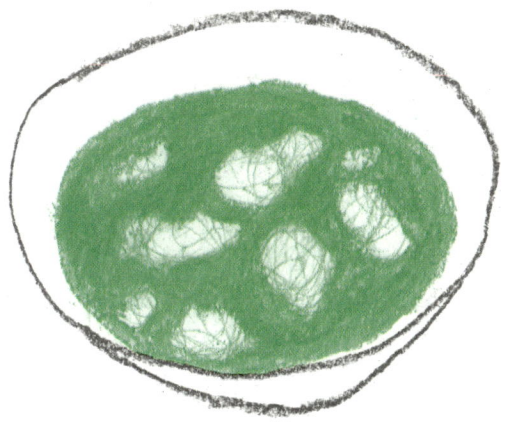

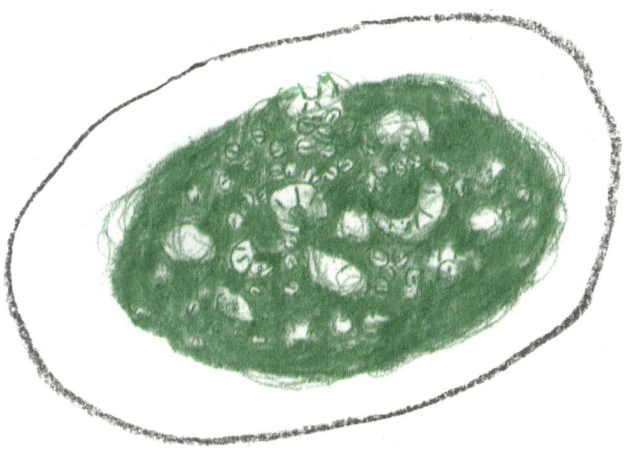

매생이보리리소토

- 자른 매생이 1큰술
- 불린 보리 1컵
- 마늘 2알
- 다진 잔파 1큰술
- 작게 다진 무 1큰술
- 버터 1작은술(생략 가능)
- 들기름 2큰술(마무리용 1작은술)
- 소금 1작은술
- 자잘한 굴 1큰술 또는 작은 새우 1큰술

* 2인분 기준

1. 프라이팬에 들기름 2큰술과 버터 1작은술, 편마늘과 다진 잔파를 넣고 가스레인지의 불을 켠다. 버터와 들기름이 잘 섞이고 파 마늘 향이 올라오면, 작게 다진 무를 넣고 소금을 한 꼬집 뿌린 후 무에서 물이 나올 때까지 살살 볶는다.

2. 무가 투명해지고 숨이 죽으면 잘 불려 물을 뺀 보리 1컵을 넣고 볶으며 소금 한 꼬집을 넣는다.

3. 보리가 익기 시작하면 보리와 재료가 자작하게 잠길 정도로 물을 붓는다. 물이 끓으며 졸아들면 다시 물을 붓고 자잘한 굴이나 새우를 넣어 재료가 모두 익을 때까지 끓인다.

4. 물이 재료 주위로 흥건한 상태일 때 불을 줄이고 자른 매생이를 넣고 골고루 풀고 잠시간만 약불에서 끓인다.

5. 작게 떠서 간을 보고 싱겁다면 소금으로 간한다.

6. 그릇에 재료가 골고루 보이도록 잘 담고 들기름 1작은술을 두른다.

* 리소토가 완성되었을 때는 뻑뻑하지 않고 촉촉한 상태여야 한다. 시간이 지날수록 보리가 수분을 흡수하기에, 그릇에 담기 직전에는 보리와 재료 주위로 국물이 남아 있는 상태에서 불에서 내려 담는 것이 좋다. 들기름 대신 올리브오일이나 파마산치즈를 올려도 맛있다. 칼칼한 맛을 원한다면 청양고추를 다져서 매생이를 넣을 때 함께 넣어도 좋다.

밥 잘 차려주는 언니들

직급과 이름 대신 '언니'로 기억되는 사람들이 있다. 다니던 식당을 그만두고 다음 단계를 생각하던 시기였다. 그때는 고민이 생기면 누워 있었다. 누워서 생각만 한다고 딱히 해결되는 건 없지만 문밖을 나서면 잔고가 줄었다. 움직여서 고민을 해결하기보다는 누워서 고민이 희미해지길 기다렸다. 그러던 날에 언니에게 전화가 왔다.

"아라 씨, 오랜만이에요. 요즘 소식이 없어서, 어떻게 지내는지 궁금해서 전화했어요."
"아…… 네 그게, 일 관두고 요며칠 잠시 추스르느라

가만히 있었어요."

"그렇군요. 우리 내일 저녁에 사무실 동료들과 모일 건데, 혹시 시간 있으면 올래요?"

"네! 갈게요. 제가 어묵탕 끓여드릴게요."

"아주 좋아요. 이것저것 모아서 같이 먹어요."

오랜만에 몸을 일으켜 쑥갓, 무, 어묵 등 호로록 끓여 먹을 재료를 사러 갔다. 장을 보러 나서는 길에 마신 찬 공기에 정신이 번쩍 들었다. 시장에서 분주히 일하는 어른들의 모습을 보니 기운이 났고 사람들과 어묵탕을 함께 먹을 생각에 금세 즐거워졌다. 작은 수레에 장을 본 재료를 차곡차곡 담아 지하철을 타고 모임 장소로 향했다. 무슨 일이 생길 것 같은 설렘도 있었다.

"안녕하세요!"

여러 사람이 내 이름을 부르며 반겼다. 2층 사무 공간을 공유하며 각자의 업무를 보는 사람들이다. 영상, 건축, 미술 분야에서 활동하며 경계 없이 여러 가지 일을 했다.

그들의 관심에 쑥스러운 마음이 들어 가볍게 인사를 나누고 어묵탕 끓일 준비를 했다. 이럴 때의 요리는 쑥스러움을 완충시켜준다. 명확한 역할을 정해주기 때문이다. 내가 어묵탕을 끓이는 역할을 맡으면 누군가는 함께 먹을 와인과 주전부리를 준비한다.

"음, 너무 맛있다! 양파가 들어가서 달고 부드럽네요."
"아, 저는 국물이 좀 아쉬워요. 괜히 양파를 넣었나 봐요."
"왜요? 아니야. 맛있기만 하고만."

나는 지금도 그 어묵탕이 진짜 맛있었을까 의심이 든다. 맛있다기보다는 그저 기특했던 건지도 모른다. 누워 있던 사람이 일어나 어묵탕을 끓였으니까. 국물을 나눠 먹으며, 어떻게 지내느냐 묻고 앞으로의 계획을 말하다 한 언니가 무릎을 탁, 치며 말했다.

"1층 공간이 잠시 비는 차에 무엇을 할까 궁리하고 있었는데, 아라 씨에게 빌려줄 테니, 어떻게 사용할지 구체적으로 제안해주세요! 저, 그냥 안 빌려줄 거예요. 사용료도 받을 거예요!"

 그렇게 내게 할 일이 생겼다. 더 이상 누워 있을 수만은 없게 된 것이다.

 한 모금, 두 모금 어묵 국물과 술이 들어가고 이런저런 이야기를 하다 보니 눈물이 콸콸 쏟아졌다. 언니들 앞이어서 그랬을까. 창피해하는 나를 앞에 두고 언니들은 안타까운 얼굴, 놀란 얼굴, 장난기 어린 얼굴이 되었다. 그러고 등을 두드렸다. 언니들이 옛이야기를 해주었다. 다들 비슷한 듯 조금은 다른 이야기들. 다 지난 일이지만, 서로를 다독이고 위로할 수 있는 이야기들.

 사람들은 각자의 고민과 어려움, 즐거움과 보람을 갖고 지내는 중이었다. 그리고 그곳은 새로운 사람을 많이 만날 수 있는 곳이었다. 예술을 번역하고 기록하는 사람, 특별한 학교를 기획하고 만드는 사람, 매일 반복 작업으로 작품을 만드는 사람, 이미 배운 것을 초기화하는 사람, 최대한 자유롭기를 골몰하는 사람……. 나는 그곳에서 '주제를 갖고 요리하는 사람'으로 통했다. 내가 정말 그랬던가? 그들이 그렇게 생각해주는 데에서 용기를 낼 수 있었다. 누워 있는 시간을 줄이고 그곳을 자주 찾았다. 삶의 방식을 구경하고 배웠다. 대가 없는 공유에 대한 고마움에 종종 먹을거리를 만들어 들고 갔다. 요리할 의욕, 창작할 의욕이 생겨났다.

이윽고 멋진 언니의 제안에 따라 1층에 간이 주방을 만들었다. 친구의 전시 작품이었던 나무 테이블을 가운데에 놓고 주말마다 간단한 점심 식사를 팔았다. 메뉴에 '후다닥프리타타', '최신유행 그릴드치즈샌드위치', '보리비빔밥과 된장국', '든든샐러드' 같은 귀여운 이름을 붙였다. 골목 간이식당에 문 너머로 보이던 이웃들이 모였다. 밝은 볕도 한껏 들어와 마치 나를 응원하는 듯했다. 간이식당에 찾아와준 사람 모두가 내 편인 듯 든든했다. 그때 받은 힘이 있어 10년째 이 일을 계속할 수 있었다.

후다닥프리타타

2015년 4월 17~19일, 24~26일 '레서피데이즈'라는 이름으로 갤러리팩토리(현 팩토리2) 1층에서 간이식당을 열었다. 자주 사용한 달걀, 치즈, 나물, 감자, 금귤을 가지고 간단한 식사를 내었는데, 그중에 달걀은 여전히 상비하는 식재료다. 당시 용기를 내 만들고 나눈 음식 일부를 소개한다.

* '레서피데이즈'에서 낸 프리타타는 프라이팬 위에서 불 조절을 통해 만든다. 오븐이나 무쇠팬을 사용하는 것보다 간편하다.

· 10인치 정도의 코팅 프라이팬(뚜껑 있는 것)
· 파마산치즈 간 것 50그램(취향껏 분량을 가감할 수 있다. 치즈는 어떤 것이든 좋다.)
· 생크림 20밀리리터
· 소금 조금
· 후추 조금
· 달걀 10알

- 버터 10그램(없으면 식용유)
- 넣고 싶은 채소: 버섯, 가지, 방울토마토, 시금치, 파프리카, 브로콜리, 감자 등 원하는 것 무엇이든

* 4~6인분 기준

달걀, 치즈, 크림 혼합물(이하 달걀 혼합물) 만들기

달걀 10알, 파마산치즈 간 것 50그램, 생크림 20밀리리터, 소금 두 꼬집, 후추는 취향껏 볼에 넣고 포크로 노른자를 깨가며 설설 저어 고루 섞이도록 한다. 너무 많이 저으면 익힐 때 질겨지니 골고루 섞이는 정도로만 젓는다.

프리타타 속재료 손질

1. 채소는 씻고 물기를 없앤다.

2. 버섯은 팬에 기름을 두르고, 센불에 볶는다. 수분이 적은 표고버섯은 볶지 않고 원하는 크기로 잘라 달걀 혼

합물에 바로 넣는다.

3. 가지는 5밀리리터 두께로 편썰기해 표면에 소금을 조금 뿌린다. 가지에서 물기가 나오며 간이 밴다. 키친타올로 지그시 눌러 물기를 제거한 후 기름을 조금 두르고, 센불에서 노릇하게 굽는다.

4. 방울토마토는 반으로 갈라 준비한다.

프리타타 만들기

1. 코팅 프라이팬에 버터를 두르고 약한 불에서 녹인다.

2. 달걀 혼합물을 팬 높이의 2/3 수위로 붓고, 나무젓가락으로 달걀 반죽을 살살 저으며 익힌다. 처음에는 팬 외곽부터 작은 원을 그리며 전체를 젓는다.

3. 반죽이 몽글몽글 익어 자리를 잡기 시작하면 젓가락으로 저어주는 것을 멈추고 구워놓은 버섯과 가지, 반으로 자른 방울토마토 등을 달걀이 완전히 익기 전에

없는다. 모차렐라치즈나 체다치즈를 올려도 좋다.

4. 불을 최소한으로 줄이고, 프라이팬의 뚜껑을 닫고 뜸을 들이듯이 마저 익힌다. 뒤집개로 가장자리를 슬쩍 들어 바닥 면은 노릇하고, 윗면은 촉촉한 상태라면, 불을 끄고, 뚜껑을 다시 닫아 잠시간 둔다.

5. 부풀어오른 달걀 혼합물이 살짝 가라앉으면 아랫면으로 뒤집개를 넣고 조심히 들어 올려 접시에 올린다. 원하는 모양으로 잘라 먹는다.

선선한 바람이 불어오면

몇 년째 같은 일을 하다 보니 파도가 휘몰아치듯 바쁜 와중이라 하더라도 숨을 고를 시간 정도는 있다는 걸 알게 되었다. 당장은 파도가 거침없이 계속될 것처럼 보이지만, 잔잔한 수면 위에 몸을 띄울 수 있는 순간은 어김없이 온다. 바쁠 때는 한가할 때가 생각나지만 한가하면 또 바쁠 때가 그립기 마련이다. 파도 안에 있으면 잔잔한 해수면이 그립고 뙤약볕에 얼굴이 따가울 정도로 누워 있으면 거친 파도가 생각나는 것이다. 이상한 성미다.

산책은 다음 파도를 더 잘 타기 위한 환기의 시간이

다. 한창 정신없이 일하다가도 잠시 호흡을 가다듬을 순간을 예의 주시하다 때가 오면 개에게 줄을 채우고 가장 편안한 복장에 아무렇게나 넘긴 까치집 머리를 하고 나선다. 목적도 계획도 없이 그저 배회하는 길이다. 문을 열자 선선한 바람이 불어온다. 개의 흥분한 숨소리와 흔들리는 꼬리와 귀털을 보며 고양된 기분으로 반가운 공기를 깊이 들이마신다. 그리고 개에게 말한다.

"아주 훌륭한 계절이 왔다, 베라야."

이번 산책은 같이 사는 이가 앞장섰다. "슬슬 걷다 와인 한잔하고, 책을 좀 보고 들어오려고" 하는 말에 얼른 함께 나갈 채비를 했다. 언덕에 있는 집에서 더 높은 곳으로 걸어 올라갈지 아니면 시가지로 천천히 내려갈지 정해야 했다. 와인을 위해서라면 역시 후자였다. 조금 걸으면 멀리 건너편 산동네의 불빛이 사방으로 번지는 비탈이 보였다. 달은 가늘게 깎은 손톱을 닮았다. 노란 손톱달과 시원한 바람이 가을이 왔음을 알려주었다.

가을은 달콤한 배회를 재촉했다. 굽이굽이 골목길을 따라 동네 이곳저곳을 구경하며 개와 사람이 내려간다. 새로 생긴 작은 가게들을 유심히 들여다보며 동네 작은 골목의 모퉁이를 지나 큰길 교차로에 다다르자 천변에서 풍악이 들리고 노천 가게에 모여 먹고 마시는 사람들이 보인다. 천변 광장에 마련된 무대에 지역 축제를 알리는 플래카드가 걸렸다. 곱게 화장하고 화려한 전통의상을 입은 할머니가 밝은 표정으로 궁중 무용을 선보이고 있었다. 그간 다녔던 거리와 같은 곳인가 싶을 정도로 도심의 풍경이 낯설었다. 얼마 전까지만 해도 더위에 지친 얼굴들만 보였었는데. 어쩌면 우리는 날씨의 힘으로 삶을 이어가는 게 아닐까.

천변길에는 신선한 와인 한 모금 내어줄 한적한 가게 대신 고깃집과 선술집이 즐비했다. 천변 반대편으로 향하니 좀 전과는 사뭇 다른 분위기의 골목이 나타났다. 조용한 거리에 레스토랑과 카페, 한식집이 보였다. 월요일 저녁, 몹시 조용한 상권을 보고 있자니 불쑥 음식점 사장의 자의식이 소환되었다. 장사가 잘되지 않는 걸까? 걱정스러운 마음을 감출 길 없었다.

역시 산등성이로 올라갔어야 했나 싶을 때, 곱창전골집과 곰탕집 사이로 따뜻한 빛을 내는 근사한 레스토랑이 보였다. 로마나 파리의 노천 식당을 연상시키는 목재로 인테리어를 했고 창이 깨끗했다. 창 뒤로 빛나는 주방 기구와 지나치게 한가한 홀이 보였다. 그럼에도 아직 여유 있는 종업원과 사장의 표정에서 이제 막 개업한 가게임을 짐작했다. 바깥에 둔 메뉴판을 뒤적였다. 좋은 와인을 잔술로 팔았고, 간단한 안주도 있었다. 내게 '식사는 화이트와인과 함께'라는 불문율이 있지만 오늘처럼 바람이 좋은 날에는 가을이 내게 이렇게 속삭이는 듯하다. '오늘은 풍미 좋은 레드와인이지!' 결국 이탈리아의 붉은 와인이 담긴 잔이 음식과 함께 놓였다. 날씨가 원하는 것인지 내 몸이 원하는 것인지 헷갈릴 때면 몸이 원하는 대로 행한다. 몸은 곧 날씨다.

캠핑에서는 더욱 그렇다. 이렇게 가을날을 즐기기 불과 며칠 전 캠핑에서 지독한 폭우를 만났다. 밤새 내린 빗줄기에 텐트가 젖었고, 강줄기에서 들리는 세찬 물소리에 좌불안석이었다. 고민 끝에 감행한 도피 여행에서의 대피

라니……. 다행히 별 탈 없이 밤은 지나갔다. 다음 날 오후에는 쨍쨍하게 볕이 났다. 해가 텐트와 집기를 잘 말려주는 것을 보며 날씨가 간밤에 고생한 우리를 보우하고 있는 것만 같았다. 캠핑을 마무리하며 "다음에는 꼭 하루 더 있어야지" 말하자 친구가 웃으며 대꾸한다. "아이고, 아까 아침에는 캠핑은 하루면 충분하다고 했으면서!"

레드와인을 마시며 다음 캠핑에서 해 먹을 요리를 떠올렸다. 밥솥에 고기와 향신료, 채소를 층층이 넣고 레드와인을 잔뜩 부어 만드는 채소고기와인찜이다. 만들기도 쉽고 선선한 바람이 부는 가을에 아주 잘 어울리는 요리다. 동료 캠퍼들과 화로대의 불을 보며 부드럽게 끓인 찜을 떠먹고, 또 레드와인을 한 모금 할 상상에 앞으로의 파도가 아무리 높더라도 기꺼이 몸을 맡겨 돌파할 용기가 솟아났다.

채소고기와인찜
:밥솥으로 만들기

밥솥이 다해주는 요리인 와인찜은 재료를 볶는 과정을 생략하고 만들어도 맛있다. 솥에 손질한 재료를 넣고 기다리기만 하면 되는 요리라 든든하게 먹는 캠핑 요리로도 제격이다.

- 전기밥솥 4인용 이상(압력밥솥이 아니어도 상관없다)
- 유산지 자른 것(밥통 윗면 정도의 크기)
- 덩어리 돼지 목살 1킬로그램(비계 달린 것)
- 껍질 벗기고 크게 썬 감자 2알
- 껍질 벗기고 크게 썬 당근 1/2개(생략 가능)
- 크게 썬 양파 1/2개
- 꼭지를 뗀 방울토마토 10알
- 건표고버섯 3알
- 요리용 레드와인 밥솥 용량만큼(먹다 남은 것이나 저렴한 것으로, 고기와 야채가 잠길 정도의 양)

향신료

· 월계수 잎 1장

· 계피 스틱 1개

· 팔각 1알

· 깐 생강 손가락 두 마디 정도 크기를 3~4 등분한 것

조미료

· 소금 1큰술

· 멸치액젓 1작은술(생략 가능)

· 간장 1작은술

· 토마토페이스트 1큰술(생략 가능)

완성 후 곁들이는 조미료

· 씨겨자나 연겨자, 소금 어느 것이든

1. 덩어리로 파는 돼지 목살을 10센티미터 길이로 크게 썬다. 비계를 함께 뭉근하게 익혀야 살코기가 기름막 안에서 뻑뻑해지지 않고, 촉촉한 고기찜이 되므로 제거하지 않는다.

2. 크게 썬 고기를 솥의 바닥에 깐다.

3. 고기 위로 크게 썬 감자, 당근, 양파와 방울토마토, 건 표고를 올린다.

4. 레드와인을 고기와 채소가 다 잠길 정도로 붓는다. 다만 재료와 와인의 수위가 솥의 2/3정도만 차야 조리할 때 넘치지 않으므로, 솥의 크기에 맞춰 채소와 고기를 넣는다.

5. 와인에 잠긴 고기 채소에 분량의 향신료(월계수 잎, 계피스틱, 팔각, 생강)와 조미료(소금, 멸치액젓, 간장, 토마토페이스트)를 넣는다.

6. 밥통의 윗지름만 하게 동그랗게 자른 유산지를 준비한다. 유산지 가운데에 작은 구멍을 내고 재료가 보이지 않게 덮는다.

7. 밥통을 닫고 취사 버튼을 누른다. 뜸 들이기가 끝나고 조리가 완료되었어도, 두 시간 이상 뚜껑을 열지 않고 그대로 둔다.

8. 밥통을 열었을 때, 기름층이 두꺼우면, 기름막을 먼저 수저로 걷어낸다. 잘 익은 채소를 조심히 그릇에 먼저 담고, 아래쪽에 있는 부드러운 고기가 부스러지지 않도록 살살 꺼내 담는다. 국물을 채소와 고기에 고루 뿌린다. 겨자나 소금을 곁들여 먹는다.

정령 대 이동

　이사를 다닐수록 짐이 늘어난다. 간소하던 살림은 갖춰야 할 것은 대체로 갖춘 덩치 큰 살림이 되었고 서랍은 셀 수 없이 크고 작은 물건으로 채워졌다. 친구가 만든 작은 작품, 갖가지 생필품과 소품, 별의별 액세서리……. 그것들을 꺼내 정리하며 자주 한숨 쉬었다. 서랍에 머물기만 하던 그것들을 벼룩시장에 내놓았다. 누군가에게 가서 쓰임을 다하기를 바라는 마음으로 그냥 드리다시피 했다. 물건을 정리하고, 남길 것들을 고르다 보니 집 정리로 유명해진 곤도 마리에의 말이 생각났다.

"설레지 않으면 버려라!"

나는 생뚱맞은 반발심이 든다.

"그럼 멀쩡한 쓰레기들은 어떡하고?"

사실 그의 말은 버리는 것보다 내 주위에 무엇을 남길 것인지 고민해야 한다는 뜻일 테다. 나 또한 이번 이사에서 갖가지 짐을 찬찬히 보고 남기고 싶은 것만 남기는 데 시간을 들였다. 바라볼수록 반성의 시간이 늘어났다. 애초에 왜 이리 무절제하게 사 모으고 받았는가! 서랍에서 잠자던 물건들이 하나둘 새 주인을 찾자 한결 후련했다. 생활의 군더더기를 덜어내는 건 지난 시간을 정리하는 의식이었다. 앞으로 집에 물건을 들일 때 더욱 신중해지리라 다짐하는 시간이기도 했다.

한 친구는 곁에 오래 두는 물건들을 일컬어 '정령'이라고 했다. 여러 추억과 시간이 깃든 물건은 그만큼 같이 산 사람들을 닮기 마련이다. 이제는 나를 닮아버린 정령들에 제자리를 찾아주기 위해 이사 들어갈 집을 살피고, 떠날 집을 쓰다듬었다. 잠시간 안온함을 마련해준 보금자리와 동네 곳곳에 차근차근 작별 인사를 건넸다.

이사를 위해서 다른 이의 집을 들여다봐야 했다. 그 일은 타인의 복잡한 속사정을 들여다보는 것처럼 쉽지 않았다. 스무 곳이 넘는 집과 사람을 만나다가 지칠 무렵, 선선하고 또렷한 인상의 여성이 딸과 함께 있던 집에 들어갔다. 집은 꾸미지는 않았지만 깨끗이 정리되어 있었고 안정적인 공기가 돌았다. 창밖에는 푸른 덤불이 보였다. 그들이 떠나고 나서 보인 커다란 가구 뒤에 가려졌던 집의 민낯은 생각보다 남루했지만 푸른 덤불은 여전했다. 이곳에서 살 것임을 직감했다.

대 이동은 꼬박 일주일이 걸렸다. 입주 청소를 하고 낡은 바닥을 새로 깔고 에어컨을 설치했다. 정령들의 대 이동이 시작된 것이다. 새집에 새롭게 물건이 놓일 자리를 남기고, 얼추 편히 누울 수 있게 되었다. 이른 아침 커피를 마시며 창밖의 흔들리는 녹음을 바라보았다. 녹지는 거대한 주차 타워 위에 조성되어 평소에는 쉽게 들어갈 수 없다. 간간이 관리인만 출입할 수 있기에 덤불이 덤불로 남아 야생성을 뽐내는 것이었다. 빼곡한 콘크리트 사이에 있는 푸름을 보며 새삼 가만히 내버려두는 일의 미덕을 생각했다. 집 안의 빈 벽을 채우지 않고 두기로 했다. 이전 집에서 보기 힘들었던 밝은 아침 빛은 대 이동의 고통을 아득하게 만들고 마음을 고요하게 했다. 새로운 날이 시작되었다.

오래 혼자 살다 이번부터 친구와 집을 공유하기로 했다. 혼자 사는 것보다 신경 쓸 일이 많겠지만, 그 신경 씀으로 인해 내 생활도 조금 더 단정해지지 않을까 하는 기대가 있었다. 비인간 동식물과 함께 사는 법에만 골몰했던 나였기에 같은 언어를 쓰는 사람 친구와 함께 맞는 아침은 무척 생경했다. 아침에 일어나 주로 고양이나 개에게 말을 걸었는데 이제는 사람과 인사를 건네고 하루를 묻고 커피를 나눠 마시고, 간단히 아침을 함께 챙겨야 했다. 그렇게 몇 주를 보내며 서로의 다름을 살피고 챙기는 데에 적응해나갔다. 어느덧 남의 집에 있는 듯한 기분이 사라지자, 서서히 쉬이 졸음이 몰려왔다.

아침은 냉장고 안 재료들을 간단히 조합해 요기했다. 선택하기 쉬운 음식은 단연 샐러드다. 새것으로 채우기 위한 비움은 냉장고에서 가장 가열 차게 일어나는 일이다. 냉장고 문을 열어보니, 두부, 상추, 올리브, 치즈, 몇 가지 소스가 살아남아 있다. 차가운 두부를 꺼내 작은 사각형으로 썰고, 시든 상추를 찬물에 헹궈 물기를 털어 뜯고, 올리브와 치즈도 툭툭 썰고, 찬장에 남은 참치 통조림을 따 기름을 버린 뒤, 도예가 동거인이 만든 커다랗고 고운 사발에 모두 털어 넣었다. 소금, 올리브오일, 식초, 후추를 넣고 살살 버무리면 재료들이 가진 각각의 맛이 오일, 소금, 식초와 함께 섞인다. 두부의 도화지 같은 맛과 상추의 푸릇함, 참치의 짱함, 치즈와 올리브의 깊은 짭조름함이 입안에서 조미료와 어우러진다.

남이 만든 것을 무엇이든 맛있게 먹을 줄 아는 동거인은 연신 감탄하며 먹는다. 멍한 정신이 점차 또렷해진다. 두 사람의 정령들이 한집에 모여 서로 어우러지는 것처럼 빈 구석과 찬 구석이 조화로운 샐러드와 쓴 커피는 마침맞았다. 우리 눈앞의 덤불처럼 생생하고 샐러드처럼 조화로운 삶의 맛을 기대하게 되었다.

라임바질캐슈 마요네즈와 샐러드
:맛있는 샐러드를 위한 자연 조미료에 대해

올리브오일

올리브오일만 잘 골라도 빵과 샐러드를 확실히 맛있게 먹을 수 있다고 장담한다. 올리브오일의 푸릇하고 매운맛을 좋아한다. 주로 스페인 피쿠알 품종이나 아르베키나 품종의 오일을 늘 구비한다. 여러 가지 오일을 번갈아 먹다 보면 자신이 좋아하는 맛을 고를 수 있다. 몸에도 좋다지만, 무엇보다 맛과 신선함이 천지 차이인 올리브오일의 풍미를 알게 되면, 더는 기름 맛만 느껴지는 오일로 돌아갈 수 없을 것이다. 오일은 시간이 지나면 산화되므로 가급적 석 달 안에 모두 먹고, 그늘지고 서늘한 곳에 보관하기를 바란다. 냉장고에 절대! 넣지 말지어이.

소금

소금이 없는 집은 없을 것이다. 다양한 채소 모음의 샐러드에서도 빠질 수 없는 것이 소금인데, 다듬어놓은 여러 재료에 소금을 조금만 뿌려두어도 채소에서 신선한 수분이 나와 그 자체로 맛있는 드레싱이 된다. 먹고 싶은 생야채와 과일을 다듬어 소금을 조금 뿌려 과즙과 채즙이 살짝 스며 나온 상태에서 맛있는 오일을 뿌리고, 레몬즙만 얹어도 훌륭한 샐러드를 만들 수 있다. 특히 여름은 과즙이 풍부한 과일 천국이라 샐러드 만들기가 다른 계절보다 쉽다.

식초
식초의 세계도 무궁무진하다. 과일을 이용한 식초, 곡물을 발효한 식초 등 농도와 풍미가 다양한 식초를 몇 가지 구비하면 오래도록 여러 신맛을 즐길 수 있다. 가장 쉽게 쓰는 식초는 다양한 현미식초, 부드러운 단맛을 지닌 화이트와인식초, 레몬과 라임 농축액이다. 농축 사과식초의 경우 물이나 레몬즙과 희석해 부드럽게 만들어 쓴다. 샐러드를 만들 때는 여러 식초 중 그날의 샐러드에 어울릴 만한 식초를 고른다. 채소를 섞어 올리브오일을 듬뿍 뿌려 골고루 버무린다. 소금을 조금 뿌리고, 마지막에 마음에 드는 식초를 살짝 뿌려 신선한 맛을 즐긴다.

식물성 마요네즈
믹서기만 있다면 통에 넣고 모두 갈아버리면 끝이 나는 마법의 소스가 식물성 마요네즈다. 여름에 잘 어울리는 라임바질캐슈 마요네즈를 소개한다. 이 마요네즈는 어떤 채소에도 잘 어울려 샐러드는 물론 스프레드로도 쓸 수 있다.

라임바질캐슈 마요네즈

· 무첨가 두유 100그램

· 현미유 100그램

· 캐슈너트 50그램

· 바질 잎 30그램

· 라임즙 50그램

· 라임제스트 3그램

· 홀그레인머스터드 10그램

· 화이트 와인 비니거 5그램

· 아가베시럽 5그램

· 마스코바도 설탕 5그램

· 꽃소금 2그램

* 300그램 분량

1. 캐슈넛은 뜨거운 물에 말랑해질 때까지 불리고 물기를 뺀다.

2. 바질은 두꺼운 줄기 부분을 손질한다.

3. 라임은 껍질면을 그레이터로 갈아 제스트를 만들어두고 착즙기로 즙을 짜 따로 둔다. 생라임이 없을 때는 제스트를 생략하고 라임 농축액을 사용해도 된다.

4. 모든 재료를 통에 넣고 고속 블렌더나 핸드블렌더로 곱게 간다.

* 아가베시럽 대신 다른 과일채소시럽을 사용해 향을 입힐 수도 있다. 다른 재료와의 어울림을 생각하며 시럽의 종류도 바꿔 만들다 보면 자신만의 마요네즈를 만들 수 있다.

훌륭한 유부초밥

집에서 가까운 산은 베라의 놀이터가 되었다. 베라는 우리보다 산을 잘 탄다. 하긴 개의 3개월은 사람의 3개월보다 훨씬 더 긴 시간이다. 아침 산책마다 베라가 한껏 오른 흥을 푸는 모습을 구경하며 즐거웠다. 푹 자고 맑은 얼굴로 일어난 날도 있었지만, 고민과 불안에 밥을 못 먹고 잠 못 이룰 때도 있었다. 그럴수록 산책을 챙겨 나갔다. 숨을 깊이 마시며 걷다 보면 크고 무거운 것이 얹힌 듯 작고 얕았던 호흡이 한결 깊고 시원해졌다.

어느 날 아침에는 오래전 의뢰인으로 만나 친구가 된

보경이 정성스레 만들어 나누어준 유부초밥을 산책 전에 하나 꺼내 물고는 천천히 씹었다. 축축하지 않고 포슬포슬 맛이 밴 유부 안에 잘게 다진 우엉, 절인 무, 톳이 함께 단단히 뭉쳐진 흰쌀밥이다. 가을 겨울에 먹을 수 있는 맛있는 재료들이 촘촘히 다져져 쌀과 함께 소곤댄다. 아주 조금 느껴지는 초와 간장의 맛, 씹을수록 느껴지는 우엉의 향, 유부의 고소함, 오돌오돌 씹히는 절인 무의 조화가 섬세했다. 식감은 물론 단맛, 짠맛, 고소한 맛, 새콤한 맛이 심심하게 어우러지는, 모든 재료를 잘 살린 유부초밥이었다. 유부 안에 밥을 꽉 채워 넣지 않은 점도 인상적이었다. 이른 아침인데도 문자를 보냈다.

"보경 님, 너무 맛나요. 우엉과 유부와 쌀을 이렇게 멋지게 먹을 수 있는 사람이라니!"

그는 훌륭한 유부초밥을 닮은 사람이다. 자신과 닮은 음식을 매일 지어 먹고 살아갈 힘을 모으는 보경은 내게 좋은 본보기가 되었다. 그는 요리의 전 과정을 서두름 없이 정확히 해냈다. 그의 요리는 한 번에 휘몰아치는 작업장의 요리와는 사뭇 달랐다. 당연히 보경의 유부초밥은 정성스러운 과정과 시간을 모두 담은 맛을 냈다.

당시 나는 사업장을 위해 매일매일 SNS에 운영 사항을 공지하며 무언가를 보여주고, 관심을 끌고, 사람들의 질문에 응답하는 일을 담당했다. 그 일은 즐겁지 않았다. 나는 지쳐갔다. 마침 각자의 사정에 따라 잠시 가게를 멈추길 결정했다. 한 달 정도 모든 걸 멈추고 나를 들여다볼 수 있는 시간이 주어진 셈이었다. 휴업 전 마지막으로 가게를 정리하고 나선 산책길, 잠시 벤치에 앉았다. 그날따라 수상하게 흔들리는 나무 너머 멀리까지 바라보자니 가라앉지 않으려 열심히 노를 저었던 지난 2년 가까운 시간이 꿈같았다.

'나는 무슨 일을 하는 사람이고, 어떤 삶을 살고 싶은 걸까.'

냄새를 맡고 입에 넣어 오물거리는 음식을 다루는 사람에게, 팬데믹의 나날은 언제 걷힐지 모르는 짙은 안개를 하염없이 바라보는 시간이었다. 당장 필요한 게 휴식인지 아닌지도 몰랐다. 쉬면 쉬는 대로 불안감에 시달렸다. 타인의 인정을 갈망하고 건재함을 증명하고 싶은 허울 같은 감정만 남아, 타인을 마주하고 이해하며 공감하는 일에서는 도리어 멀어졌다. 마음이 물건이나 돈처럼 바닥나는 것 같았다.

마침 보경이 만들어준 유부초밥을 천천히 씹었다. 그저 산책길일 뿐인데 계절의 변화와 아름다움이 느껴졌다. 작고 심심한 유부초밥에서 얻는 감동은, 무언가를 증명하고 설명하지 않아도 되었다. 흐르는 시간이 계절의 변화를 부르고 소박한 정성이 맛의 성장을 일으켰다. 몰려오는 많은 일에 전부 응답하고, 한 번에 모든 걸 해내지 않아도 되었다. 아침에 눈을 떠 작은 존재를 쓰다듬고, 커피를 마시며 잠에서 깨고 산책하며 바람의 냄새를 맡으며 오늘의 할 일이 있는 작업장에 나가 차분히 준비를 마쳤다. 제시간에 일을 끝내고 깨끗하게 정리하고 돌아와 씻은 후 따뜻한 침구에 들어가 책을 읽거나 여러 뉴스에 귀 기울이며 하루를 마감하면 되었다. 환희 혹은 슬픔이 아닌 조화와 균형을 생각하게 되었다.

심심한 유부초밥을 마저 삼키며 다시금 살아갈 힘을 모으기 위한 태도들을 적어보았다.

- 안쪽이 아닌 바깥으로 향하게 사색할 것
- 조급한 시선을 거두고 나누는 마음을 채울 것
- 작고 따뜻한 생명에게 애정을 쏟고 매일 배울 것
- 부족한 것을 채우는 것이 아닌 지금 누리는 것을 깨달을 것
- 추측하지 않고 그대로 볼 것
- 간결하게 생각하고, 할 수 있는 일에 충실할 것

그날 이후 훌륭한 유부초밥은 내 삶의 기준이 되었다. 맛있는 삶처럼 보이려 지나치게 조미료를 치고 장식하지는 않았는지 자주 점검했다. 음식에 있어서도 보다 편안함을 추구하게 되었다. 감염과 격리의 시절을 지나 다시금 롤러코스터를 타는 행사 일을 시작했음에도 이전과 달리 적당한 만족이란 걸 알게 되었고, 그만큼 삶이 수월해졌

다. 그가 내게 건넨 유부초밥과 같은 음식을 내가 할 수 있을지는 모르겠지만, 어떤 모양새든 포근하고 편안한 음식들을 가까이 할수록 원하는 삶에 가까워지리라는 확신이 생겼다. 오늘은 훌륭한 유부초밥을 닮은 수프를 끓인다. 차게 먹어도 따뜻하게 먹어도 맛있어서 계절이 바뀌는 날에 적절하다. (125쪽 콜리플라워수프 레시피 참고)

보경의 유부초밥

보경은 정확한 성미의 사람이다. 세세한 그의 레시피를 가급적 자세히 여기에 옮긴다. 생략된 요리법 중 우엉을 조리는 방법은 내가 덧붙였다.

유부 졸이기
마른 유부를 사서 직접 졸이는 과정에 보경의 유부초밥만의 특별함이 있다.

- 마른 유부 25장: 마른 유부는 입구가 붙은 도톰한 사각형이다. 마른 유부를 꺼내 한쪽 변만 입구를 내기 위해 가위로 반듯이 자른다. 봉투를 벌리는 것처럼 살살 뜯어 유부를 봉투처럼 만들어둔다.
- 가다랑어 다시국물 300밀리리터: 가다랑어포 외 여러 재료가 들어간 다시팩 어느 것이든 준비해 찬물부터 끓여 다시국물을 만든다. 구입한 다시팩 활용 설명서를 참고해 분량의 물에 넣고 끓여 만든다.
- 기코만간장 또는 우스구치간장(가다랑어 국간장) 3큰술
- 정종 100밀리리터
- 황설탕 3큰술

* 25개 분량

1. 손질한 마른 유부를 끓는 물에 두세 번 데쳐 유부의 기름기를 제거한다. 데친 유부는 채반에서 물기를 빼고 식힌다. 유부가 완전히 식으면, 손으로 지그시 눌러 남은 물기를 제거한다. 물기를 잘 제거해야 후에 다시를 온전히 흡수할 수 있기 때문이다.

2. 준비한 다시국물 300밀리리터에 정종(요리술) 100밀리리터, 우스구치간장 3큰술, 황설탕 3큰술을 넣고 다시 혼합물을 만든다.

3. 물기를 잘 제거한 유부를 깊이가 있는 냄비에 최대한 겹치지 않게 지그재그로 고루 펼쳐 넣는다. 여기에 다시 혼합물을 붓는다. 중불에서 끓이는데, 다시 혼합물이 끓기 시작하면, 유산지를 냄비 지름에 맞게 자르고 가운데 구멍을 내어 유부가 다시국물에 잘 잠겨 있도록 지그시 눌러 덮는다. 조림용 누름 뚜껑이 있다면 유산지 대신 사용한다. 이 상태로 약불에서 10~15분 졸이면, 다시국물이 자작해진다. 국자로 골고루 살살 눌러 다시국물이 유부에 골고루 배개한 후, 바닥에 자작하게 남는 정도에서 불을 끄고, 유부가 식을 때까지 냄비에 둔다.

* 마른 유부를 직접 졸여서 냉동 보관하고, 먹고 싶을 때마다 실온 해동해 간단히 초밥을 채워 먹으면 된다. 직접 졸인 유부는 그 자체로 맛있어서 속재료가 풍성하지 않아도 된다. 우동 같은 국물 요리나 유부김밥의 속재료로도 사용할 수 있다.

초밥 만들기

유부만 잘 조려지면, 단촛물과 깨소금 정도로 간을 한 흰밥을 채워 넣어 먹어도 충분하다.

- 톳 한 줌: 밥을 지을 때 넣을 재료로, 물에 씻어 그대로 두었다 불린 쌀과 섞는다.
- 다시마 사방 10센티미터 1장
- 불린 백미 2컵
- 장아찌 반찬 다진 것 1큰술: 오이, 무, 울외 등 간장이나 소금물로 만들어진 장아찌 무엇이든 가능하다.
- 우엉조림 다진 것 1큰술 : 시판 우엉조림을 다져도 되고, 직접 만들어도 좋다. 한 예로 우엉 한 대를 사서 흙을 잘 씻어낸 후, 3등분해 가늘게 채썬다. 팬에 기름을 살짝 두르고 고소한 향이 날 때까지 볶은 다음, 간장 1큰술, 미림 1큰술, 설탕 1/2큰술, 물 1큰술을 넣고 만든 간장양념장을 넣고 살짝 조린다.

- 참깨나 검은깨 1큰술
- 초밥초(단촛물) 적당량: 현미식초 2큰술, 레몬즙 1큰술, 설탕 1큰술, 소금 1/2 작은술을 냄비에 넣고, 설탕이 녹을 정도로만 끓인다.

1. 두 컵 분량의 불린 쌀에 씻은 톳(말린 톳)과 사방 10센티미터 크기의 다시마 한 조각을 넣고 밥을 짓는다.

2. 완성된 밥이 식기 전에 초밥초를 넣고 주걱으로 썰듯이 빠르게 섞는다.

3. 우엉조림과 물에 담가 짠맛을 제거한 울외장아찌를 잘게 다지고 참깨 또는 검정깨와 함께 밥에 살살 섞는다.

4. 조린 유부의 2/3 정도만 채워질 정도로 작은 주먹밥을 만들고 유부에 채워 입구 부분을 닫는다.

* 밥을 넣기 전에 조린 유부를 살짝만 눌러 조림 국물을 제거하면 축축하지 않게 먹을 수 있다.

내 친구 에이코

내게는 에이코라는 친구가 있고, 아래는 에이코에 대한 나의 감상평이다.

이렇게 남을 도와주고 살아도 살아지는구나!
이런 상황에서도 이런 음식을 만들어내는구나!
사람들이 이렇게나 에이코의 음식을 좋아하는구나!

에이코를 처음 만난 건 지금은 사라진 홍대 '수카라'에서다. 수카라는 카페 겸 식당이었는데 가끔 요리사와 지역 생산자가 함께 워크숍을 진행하기도 했다. 수카라의 워

크숍에서 SNS로 알음알음 알고 지내던 요리사들과 함께 자리했는데 한 요리사가 옆자리 친구를 소개했다. 오사카에서 온 에이코. 수카라에서 파트타이머로 일하며 근방에서 간간이 '에이코의 달밤식탁'을 연다고 했다.

두 번째 만남은 바로 그 달밤식탁에서였다. 여덟 명이면 꽉 차는 식탁에 앉은 이들 모두가 에이코에게 알아서 음식을 내어주길 부탁하고 냉장고에서 술을 꺼냈다. 에이코는 사람 좋아하는 강아지가 숨김없이 꼬리를 흔드는 것처럼 손님들을 반겼다. 자리가 없어 밖에서 기다리다 못해 아무 데나 앉아 술부터 마시는 손님도 있었다. 그러면 에이코는 간단히 먹을 만한 무언가를 만들어 가져다주었다. 상자를 잘라 만든 메뉴판 맨 위에 적힌 음식은 감자샐러드였다. 에이코의 어머니가 오사카에서 이자카야를 할 때부터 곁에서 배워온 것이라고 했다. 그 아래 소고기타다키, 조개술찜, 달걀말이 등이 차례로 적혀 있었다. 일본의 선술집에 가면 있을 법하지만 막상 찾으면 없고, 묘한 향수가 입혀진 음식이었다. 달밤식탁의 마감쯤에는 취한 사람이 많았는데 그건 에이코도 마찬가지였다. 누군가가 "에이코가 취했을 때는! 치킨을 시킨다!"고 외쳤다. 건너편 통닭집에서 공수한 안주까지 바닥을 보여야 자리는 끝이 났다. 이미 취한 에이코를 대신해 식탁에 둘러앉은 사람들이 알아서 술값을 책정해 계산했다.

달밤식탁을 찾을 때는 합석을 각오해야 했다. 에이코는 마치 자기만의 보물을 보여주는 것처럼 사람들의 개인사를 곁들여 서로를 소개했다. 조금 어색하지만 한자리에 앉아 술을 마시다 보면 어느새 서로의 이야기에 섞여 어깨동무하고 있는 곳이 에이코의 달밤식탁이었다. 에이코는 식당 밖에서도 사교성이 좋았다. 근처 가게 주인이나 친구를 소개해주면 어느 순간 그 집 단골이 되거나 그와 말을 놓는 친구 사이가 되었다. 그리고 나는 그저 가만히 있었음에도 에이코와 친구들에게 자랑스러운 동생으로 불리고 있었다.

에이코도 크나큰 실의에 빠진 시기가 있었다. 연락이 잘되지 않았고, 가끔 연락이 닿으면 종일 집에서 잤다고 했다. 집에만 있는 게 걱정돼 사업장에 나와 일을 도와달라 말하면 겨우 집 밖에 나온 행색으로 조용히 그날 만들어야 할 음식을 아무 말없이 완성하고 퇴근했다. 쾌활했던 그의 예전 모습을 보고 싶어서 이런저런 말을 걸어도 좀처럼 길게 응답하지 않았다. 오직 내 옆에 있는 개, 베라만이 에이코의 웃음을 끌어낼 수 있었다. 그게 전부였다. 우리는 함께 팬데믹을 지나는 중이었다.

그래서 자신만의 무언가를 하고 싶다는 에이코의 말에 기뻤다. 누구와도 연락하지 않고 집에 가만히 있는 그를 너무 오래 보았다. 작은 불씨가 인 그의 의욕에 살살 부채질을 하고 싶었다. 에이코는 오코노미야키를 파는 노점을 시작했다. 이후 오랜만에 만난 에이코는 1년 넘게 경력을 쌓은 노점상이 되어 있었다. 피부는 볕에 그을렸고, 팔뚝에는 근육도 생겼다. 어느 날 에이코는 내 사업장 앞에 노점을 차렸다. 땀을 뻘뻘 흘리며 오사카식 오코노미야키를 섬세하게 구웠다. 적어도 내게는 우리나라에서 먹을 수 있는 가장 맛있는 오코노미야키였다.

에이코는 주방에서는 무엇이든 해내는 사람이었지만 주방 밖에서는 어쩐지 헐거워 그를 챙기는 사람이 여럿이었다. 에이코가 가는 곳마다 그의 안위를 걱정하는 사람이 따라다녀 우리끼리 눈인사할 정도였다. 에이코는 그마저도 자랑스럽게 생각했다. 에이코에게는 주위 사람들을 편안하게 하는 동시에 불안하게 만드는 매력이 있다. 에이코는 자신이 낯을 가린다고 주장하지만 내가 보기에 에이코는 무해한 매력으로 거침없이 사람을 사귄다. 무해하기 때문에 의심이 많고 조심성이 지나친 나 같은 사람도 에이코에게 평안함을 느낀다. 그 평안함을 깨뜨릴 무언가에 불안감을 느끼면서.

음식에서 '무해함'이란 종종 '건강함'과 연결되고는 한다. 그래서 에이코가 내는 음식이 건강한 음식이냐고 묻는다면 그렇기도 하고 아니기도 하다고 대답할 수밖에 없다. 마치 바몬드카레 가루를 개어 각종 야채와 고기를 잔뜩 넣고 끓인 카레처럼 에이코의 음식은 성분을 엄밀히 따져 얻는 건강함이 아닌, 정신적인 무해함에 가깝다. 에이코의 카레에는 그가 겪은 사연과 감정, 변화하는 몸과 생각이 모두 한데 버무려져 있다.

볶음국수, 산초절임이나 생후추를 곁들인 한우타다키, 어묵탕, 소고기스튜, 스지카레, 양하를 올린 돈지루, 굴튀김 그리고 감자샐러드……. 에이코의 음식을 국적으로 나눈다면 그 나라는 그저 '에이코랜드'다. 에이코랜드에 입성하기 좋은 음식의 레시피를 나눈다.

Eikoの
月夜食享

애먼의 달방식탁

에이코의 감자샐러드

- 큰 감자 3알 반 정도: 수미감자 또는 홍감자를 섞어 쓴다. 에이코는 보성 어머니가 직접 기른 수미감자를 썼다
- 흰 양파 1/2개
- 당근 1/2개
- 오이 1개
- 현미식초 1큰술
- 후추 1/2작은술
- 소금 4그램(채소 물 빼는 한 꼬집 분량의 소금은 여기에 포함되지 않는다)
- 큐피마요네즈 130그램
- 샌드위치 햄 4장
- 완숙 달걀 2알

1. 감자의 껍질을 벗기고, 찜기에 넣어 포슬하게 찐다. 젓가락이 감자 안쪽까지 부드럽게 들어갈 정도로 완전히 익으면, 뚜껑을 열고 잠시 나머지 수분도 날린다. 다 식을 때까지는 두지 않고 감자가 식기 전에 버무려야 한다. 포슬포슬한 감자샐러드를 만드려면 감자를

물에 삶지 않고 찌는 것이 좋다.

2. 흰 양파는 얇고 길게 채 썬다. 찬물에 5분 정도 담가 매운맛을 뺀다. 체망에 채 썬 양파를 옮겨 물기를 빼고 키친타월로 살살 눌러 나머지 물기를 흡수한다. 양파를 두 손으로 꽉 짜면 절대 안 된다. 섬유질이 부서지지 않게 물기를 살살 제거한다.

3. 오이는 얇고 동그랗게 썰어 소금을 한 꼬집 뿌려서 간이 배게 하고, 오이에서 나온 물기를 손으로 꽉 짠다. 오이에 씨가 많은 경우 씨를 제거한다.

4. 당근도 오이와 같은 두께로 얇고 동그랗게 썰고 원형을 4등분한 부채꼴 모양으로 만든다. 오이처럼 소금을 한 꼬집 뿌려 간이 배게 하고 물기가 나오면 손으로 꽉 짜둔다.

5. 달걀은 노른자가 완전히 익은 완숙계란을 준비한다. (실온에 둔 달걀을 물이 끓을 때 넣어 10분 익히고, 찬물에 담그면 된다.)

6. 샌드위치 햄(어느 것이든)은 5~7밀리미터 너비에 3센

티미터 정도의 길이로 잘라 준비한다.

7. 큐피마요네즈를 준비한다. (여러 가지 마요네즈를 써봤으나 일본산 큐피마요네즈를 써야 같은 맛이 난다. 대형 마트와 일본 식재료 마트, 온라인 상점에서 쉽게 살 수 있다.)

8. 포슬포슬하게 찐 감자를 감자 양의 2배 정도 크기의 큰 볼에 넣고 매셔로 골고루 곱게 으깬다.

9. 잘 으깬 감자 위에 완숙란을 얹어 듬성듬성 크게 헐겁게 으깬다. 대충.

10. 물기를 꽉 짠 오이, 당근과 양파, 분량의 큐피마요네즈, 현미식초, 소금, 후추를 넣고 골고루 잘 섞는데, 섞을 때는 채소가 짓이겨지지 않도록 부드럽게 흰밥을 주걱의 날을 세워 고르듯 섞는다.

11. 작은 접시에 산처럼 쌓아 먹는다.

* 나는 질 좋은 엑스트라 버진올리브유를 듬뿍 뿌려 먹는 것을 좋아한다. 부드러운 모닝빵에 끼워 먹어도 맛있고, 바삭하게 구운 바게트 위에 올려 먹어도 맛있다.

* 감자샐러드는 만들어서 바로 먹어도 맛있지만, 밀폐 용기에 담아 차게 해서 먹어도 맛있다. 3일 정도 냉장고 안쪽에 보관하며 먹고, 여러 가지 변수가 있으니 혹여 쉰 냄새가 나면 먹지 않는다. 샐러드에 들어가는 현미식초가 고소하고 부드러운 맛을 더 풍성하게 하는 감초 역할을 한다. 보관 기한을 조금 늘리고 싶으면 식초를 1/2 분량으로 줄인다.

국수 격전지

 새로운 동네를 사랑하게 되었다. 낯선 동네에 적응하려 이사 오기 전부터 시간 날 때마다 새 동네의 좁은 길을 걸었다. 살기 괜찮은 동네인지 알아보려면 일단 그곳을 걸어야 한다. 걷다 보면 향수를 불러일으키는 구석을 생각보다 쉽게 찾을 수 있다. 오래된 문구점, 아이들이 시끄럽게 하교하는 학교 정문, 정육점, 카페, 슈퍼 등. 그동안 내 나이를 훌쩍 넘기는 시간을 품은 동네 위주로 살았다. 어릴 적부터 하릴없이 모험하듯 동네를 누비면 보호자의 품에 온몸으로 파고드는 느낌이었다. 벗어나고 싶지만, 언제고 다시 찾는 안락함.

어릴 때부터 단련되어 그런지 나는 걷는 범위가 꽤 넓다. 집에서 걸어갈 수 있다면 그곳이 우리 동네다. 문밖을 나서 어디든 걷고 눈에 익혔다. 그렇게 걸으며 나의 동네로 삼을 만한 안정감 있는 곳을 탐색했다. 살기 좋은 동네를 여러 지표로 분석하는 부동산적 관점과는 한참 거리가 있는 방식이다. 구석구석 위치한 작은 가게와 집을 눈에 담고, 마음 붙일 한두 장소를 발견하는 식이다. 지금 동네에서는 안정감과 평온함을 쉽게 찾았다. 번화가에서 적당히 먼 산등성이 동네라 도시의 소음에서 멀고, 지대가 높아 기분 좋은 바람이 자주 분다. 산길에는 도시의 빛을 멀리서 바라볼 수 있는 아담한 전망대도 있다. 내리막을 걸어 평지에 닿으면 오래되고 유명한 빵집과 맛있는 김밥집이 있다. 마을의 규모와 형태가 서울의 다른 동네와 비교해 오랫동안 그리 변하지 않은 듯하다. 친구에게 이런 동네 분위기를 전하니 뜻밖의 말을 한다.

"아, 거기는 국수 격전지야!"

그러고 보니 유독 유명한 국숫집이 많았다. 어르신이 많은 동네여서일까. 국수는 소화가 잘되어 어르신들이 즐기기에도 좋고 후루룩 마시고 천천히 떠먹기도 좋은 온순한 음식이다. 시간 날 때면 동네 국숫집을 하나씩 방문해 맛을 파악하는 일에 재미가 붙었다. 칼칼하고 정겨운 맛의 멸치국수, 바지락과 애호박이 잔뜩 들어가 시원한 해물칼국수, 은은한 단맛과 톡 쏘는 신맛이 어우러져 상쾌한 냉국수, 사골 국물에 얇은 면을 넣어 끓이고 다진 양념을 얹어 먹는 경상도식 국수……. 어디는 생선전을, 어디는 만두를, 또 어디는 생선튀김이나 문어숙회를 곁들일 수 있었다. 저마다 맛과 균형을 가지고 오래 운영한 식당이었다. 오늘은 어느 집 국수를 먹을지 번민하며 진정한 국수 격전지란 마음속임을 깨달았다.

어떤 식당이든 한자리에서 오래도록 같은 음식을 매일 만든다는 것에 존경심을 느낀다. 한자리에 있는 식당이라면 맛이 조금 변하더라도 크게 개의치 않는다. 꾸준히 식당을 찾아주는 손님은 식당을 오래 유지할 수 있게 해준다. 오래된 식당은 동네의 분위기를 만들고 마음의 안정감을 주는 데 일조한다. 그렇게 '우리 동네'는 나의 꾸준한 일상이자 보호막이자 선물이 되었다.

매실고추장비빔국수

만드는 데 자신 있는 것이라면 장국 또는 육수를 우려내 삶은 면을 풀어낸 국수보다는 비빔국수다. 격전지의 국수들을 따라잡기에는 한참 모자란 실력이고, 뭉근히 오래 끓여 국물을 만들 자신도 없으니 동네 식당에 그 역할을 넘기고, 맛있는 양념장에 버무린 비빔국수를 소개한다. 날이 무더울 때 특히 별미다.

양념장
- 매실청 1큰술(매실청에 산미가 없다면 현미식초 1작은술을 넣는다.)
- 대파 흰 부분 다진 것 1큰술 또는 쪽파 2줄기 곱게 다진 것
- 고추장 1큰술
- 깨소금 1/2큰술
- 참기름 1큰술, 다진 마늘 1작은술
- 국수 200그램(넉넉히 2인분)

고명
- 여름 과일(자두나 살구 또는 수박 한 쪽)
- 가지 1개

- 팽이버섯 조금
- 반숙란 1/2쪽
- 루꼴라나 상추 같은 잎채소 한 줌

1. 양념장의 재료를 모두 넣고 간을 맞춘다. 너무 되직할 경우, 물을 1~2큰술 넣어가며 원하는 점성으로 맞춘다. 양념장은 냉장고에서 한 시간 정도 숙성시키면 더 맛있다.(취향껏 물과 소금, 식초를 가감해 자기 입맛에 맞게 간을 맞춘다.)

2. 물이 끓으면 국수를 넣고 전체가 부드러워질 때까지 삶는다.

3. 국수를 건져 얼음물에 잘 헹구고 두 손으로 지그시 잡고 짜서 물기를 제거해 모아둔다.

4. 여름에 맛있는 채소라면 어느 것이든 구워서 고명으로 얹을 수 있다. 특히 여름엔 비빔국수 위에 제철 과일(자두, 살구, 수박, 참외 등) 한 쪽이 잘 어울린다. 과일과 더불어 비법 고명이 하나 있다. 통통한 가지를 그릴에 통채 굽고 식힌 후, 불에 탄 껍질은 벗기고 속살을

세로로 찢어 들기름과 소금을 뿌려 재운 고명이다. 이렇게 만든 가지 고명을 과일과 함께 올리면 맛이 한층 좋다. 또, 팽이버섯 조금을 함께 올려도 재밌는 식감을 준다. 그 외 채 썬 오이도 잘 어울린다.

5. 찬물에서 헹궈낸 국수를 동그랗게 사발에 담은 다음 양념장을 얹고 준비한 고명과 상추, 루꼴라 같은 잎채소를 얹고, 마무리로 참기름이나 들기름을 1작은술 두른다. 모두 골고루 비벼 먹는다.

복숭아 언니

양평에 갔다. 고양이를 품에서 떠나보낸 직후였다. 인생에 가장 큰 상실이 고양이의 죽음이라니 어쩌면 평탄한 인생인 걸까 쓴웃음을 삼키며 역에 도착했다. 멀리 동그랗고 까만 얼굴의 언니가 멋쩍게 웃으며 나를 불렀다.

언니는 여러 마리 고양이와 살면서 작업 활동을 이어가는 작가다. 한 갤러리에서 우연히 만나 지인들과 함께 언니의 집까지 놀러 간 적이 있다. 나는 사업을 시작한 지 얼마 되지 않았고, 지금보다 일이 많지 않아 다소 느슨한 시간을 보내고 있었다. 삶이 어떻게 흘러갈지 종잡을 수 없어 다른 사람의 삶을 관찰하던 시기이기도 했다.

언니의 집은 단순한 세모 지붕을 얹고 있었다. 마당의 디딤돌을 밟고 현관을 열면 쇠고랑, 장화, 바구니, 밀짚모자 같은 정원 용품이 먼저 보였다. 마당에는 손때가 묻은 농기구가 즐비했다. 집 안에 들어서면 작업실을 겸하는 거실이 막힌 곳 없이 널찍하게 보이고, 안쪽으로 주방과 방, 복층 공간이 있었다. 거실 식탁에는 먼저 도착하신 분들이 옹기종기 모여 언니가 직접 구운 빵을 뜯어 페스토를 발라 먹고, 예쁜 잔에 와인을 담아 마시고 있었다.

나는 새로운 공간에 들어가면 늘 사람보다 사람의 흔적이 묻은 공간을 구경하기 바쁘다. 집에 들어서자마자 주방으로 향했다. 선반에 놓인 여러 양념과 열매를 구경하고는 뒷마당으로 통하는 작은 문을 열었다. 고양이들이 날 보고 흠칫 놀라 빠르게 달아났다. 급히 문을 닫고, 창을 통해 다시 모인 고양이들을 보고 있자, 언니가 와서는 "아이고, 배고파서 모이셨구먼!" 하며 마당에 놓인 빈 그릇에 밥을 채웠다. 언니는 녀석들더러 그저 밥만 주는 친구들이라

하며, 자신은 그들의 묘생에 밥과 물만 주고 나머지는 절대 간섭하지 않는다고 말했다. 야생 고양이의 삶은 생각보다 아주 짧다는 말도 덧붙였다.

언니는 집고양이는 물론 너른 마당에 찾아오는 고양이들을 먹였고, 마당의 한구석에 마련한 밭에서 어머니와 함께 기른 작물을 따 가벼운 식사를 만들어 손님들을 먹였다. 토마토, 바질, 호박, 고추, 더운 여름에 맺힌 열매들은 조리법에 따라 특별한 요리가 되었다. 대체로 재료 자체의 맛과 모양을 살린 단순한 음식이었다. 뒤뜰에서 온 빛깔과 향과 맛이 한 상을 풍성하게 채웠다.

거실 식탁 옆 작업 공간도 오픈되어 있었다. 사방이 책과 그림이었고, 진행 중인 작업이 훤히 보였다. 2층 공간에는 멀리 풍경이 보이는 곳에 욕조가 있었다. 집은 숨기는 것 없이 곳곳이 드러나 있지만, 공간의 개방감 때문에 번잡해 보이지 않았다. 누구라도 찾아오는 이에게 열려 있는 집주인과 쏙 닮은 모습이었다. 다시 현관으로 나가 앞마당을 구경했다. 오디나무 앞에 섰다. 과실수 근처에는 온갖 벌레들이 가득했다. 개미도 파리도 벌도 새도 과실수 앞에서 무척 바빴다.

"오디네요! 저 어릴 때 나무에 올라 많이 따 먹었어요."
"아라 씨가 오디를 알아요? 요놈(벌레)들이 다 먹어버려서 저는 별로 먹을 게 없어요."
"약은 안 쳐요? 과일나무가 그래서 기르기 쉽지 않다고 하더라고요."

"그걸 알아요? 맞아요. 그런데 저는 그냥 둬요. 처음 심었을 때는 정말 한 알도 남겨놓지 않고, 얘네들이 다 먹어버렸는데, 해가 지나고 나무가 땅에 적응하니 제가 먹을 수 있는 것이 남았어요. 그렇게 좀 놔두면서 땅에 적응할 시간을 주면, 나무가 건강해져서 따로 약을 치지 않아도 벌레가 많이 꼬이지 않아요. 농부야 한 해 한 해의 수확이 중요하니까 약을 쳐서 사람이 먹을 걸 거두어들이지만, 나는 없으면 다른 데서 구하면 되고, 기다릴 수 있으니까요"

시간이 지나 어둑한 길을 운전해야 하는 이들이 먼저

떠나기 시작했다. 여럿이 한꺼번에 일어서자 언니가 몹시 아쉬워하며 더 놀다 자고 가라고 했다. 북적북적한 도시 생활도, 고요한 시골 생활도 외로움은 별다를 게 없는 문제였다. 돌아가는 길엔 언니가 직접 길러 말린 개박하잎(캣닢)이 가방에 담겨 있었다.

고양이가 처음 시한부 선고를 받아 감당하기 어려운 두려움과 슬픔에 언니에게 조언을 구한 적 있다. 언니는 이것저것 많이 치료하고 싶은 마음을 백 번 이해하지만 자신도 여러 마리를 수발하고 차례로 보내고 나니 지금은 집에서 편안히 갈 수 있도록 곁에서 살피고 도와주는 정도로 함께하게 되었다고 덤덤하게 말했다. 그렇지만 떨리는 내 목소리를 듣더니, 처음이 가장 힘든 법이라고 하는 언니의 목소리도 떨렸다. 언니 말대로 처음이 가장 두렵고 고통스러웠다. 두 번째, 세 번째도 똑같이 마음이 아팠지만 조금 더 수월히 받아들일 수 있었다. 구할 수 없고, 붙잡을 수 없는 생명에 마음을 쓰는 사람이 갖는 연대감을 그때 조금 알 수 있었다.

그런 마음을 한 아름 안고 다시 양평을 찾은 것이다. 지금 생각하면 짠하고 어린 내가 보인다. 당시 지금 내 나이 정도였던 언니는 불쑥 전화해 집에 찾아가겠다는 사람을 마다하지 않았고, 역으로 마중 나와 차에 태워 양평 시내에서 인기 있다는 허름한 국숫집에 데려가 커다란 사발의 국수를 내게 먹였다. 그리고 집으로 향하는 도중 도로 옆 과수원으로 들렀다. 복숭아 향이 짙은 창고였다. 플라스틱 바구니에는 따놓은 복숭아들이 쌓여 있었다. 상품으로 하기엔 모자라 보이는, 흠이 있거나 푸릇한 복숭아였다. 어디선가 사람이 나오자 "여기 복숭아 얼마에 파셔요?"라고 물었다. 바구니에서 개중 싱싱한 복숭아를 골라 담았다. 차에 타며, 언니가 말한다.

"지금 이 정도보다 더 안 익은 복숭아로 만들어야 훨씬 맛있는데, 좀 익었네. 아라 씨도 갈 때 한 봉지 가져가서 병조림으로 만들어 먹어봐요. 이렇게 안 나간 애들을 다듬어 설탕물에 절여 병조림으로 저장해두고, 냉장고에서 시원하게 해서 꺼내 먹으면 맛있어!"

집에 도착하니, 처음 방문했을 때 보이던 고양이가 몇 안 보인다. 언니도 그새 몇을 보낸 것이다.

"아라 씨, 너무 마음 쓰지 마, 나도 살리려고 진짜 노력했었는데, 어쩔 수 없는 일이야. 앞으로도 편히 보내줘. 얘네들은 참 복이 많은 거야, 우리가 늙고 아프게 되면 누가 우리만큼 보살피고 마지막까지 거두겠어."

덤덤하게 말하는 언니에게서 덤덤하지 않음이 느껴졌다. 먹먹한 마음을 가득 안고 건네는 위로의 말이었다. 마지막까지 최선을 다해 아픈 고양이 곁에 있었음을 상기하니 미안함과 슬픔이 안도와 애도의 마음으로 바뀌었다. 언니는 지난여름 저장해둔 복숭아 병조림이 남아 있으니 한번 맛보라며 꺼내주었다. 복숭아 통조림과는 다른, 신선하고 시원한 맛의 백도였다.

복숭아홍차시럽

- 씨를 제거한 아무 복숭아 1킬로그램.
- 복숭아 껍질 절반
- 복숭아 무게의 60퍼센트 되는 설탕
- 홍차 가루 또는 홍찻잎 1큰술
- 소금 한 꼬집, 레몬즙 2큰술, 바닥이 두꺼운 냄비

1. 껍질째 깨끗이 복숭아를 씻는다.

2. 복숭아 껍질 절반을 까서 냄비에 넣는다. (복숭아 껍질을 넣지 않아도 되지만, 과육만 쓰는 것보다 풍미가 있어 껍질을 절반 정도 같이 넣는다.)

3. 씨앗을 제거한 복숭아 과육도 잘라 냄비에 넣는다. 복숭아 과육은 말랑해 열을 가하면 금세 풀어지므로 크게 잘라 넣어도 된다.

4. 냄비에 넣은 과육과 껍질의 무게를 재고, 무게의 60퍼센트 정도 설탕을 넣는다. 소금 한 꼬집도 넣는다. 잘

버무리고, 한 시간 정도 실온에 둔다.

5. 복숭아에서 물이 많이 나오면, 레몬즙 2큰술, 홍차 가루 1큰술을 넣고, 불 위에 올린다. 중약불로 저어가며 익힌다. 복숭아 과육이 잘 풀어지고, 온도계로 온도를 쟀을 때 섭씨 102~105도 정도 올라가면 불에서 내린다. 이때 내리면 적절한 농도의 봉숭아홍차시럽이 된다. 되직한 잼으로 만들고 싶다면, 원하는 점성이 나올 때까지 약불에서 저어가면서 뭉근하게 졸인다. 오래 끓여 홍차 향이 날아가면 불을 끄고 홍차 가루를 1작은술 정도 더 가미한다.

6. 복숭아홍차시럽을 블렌더로 알갱이 없이 곱게 간다.

7. 잘 식혀 소독한 저장 용기에 넣고 냉장고 안쪽에 보관하며 시럽으로 음료나 빙수, 치즈나 빵의 토핑, 여러 가지 소스에 가미해 먹는다.

만두만두만두

따뜻하고 부드러운 피에 감싸인 것을 입에 넣는다. 한 입 깨물면 고소한 풍미가 입안을 채운다. 모양새도 귀여워 만두 예찬을 하지 않기란 어려운 일이다. 만두는 우선 커다랗고 하얀 김이 펄펄 나는 가게 앞 풍경을 떠올리게 한다. 어릴 적 아버지와 길을 걷다 만두 찌는 하얀 김만 보면 홀린 듯 만두를 사 왔다. 다 같이 먹는 만두도 좋지만 고되고 힘들 때 혼자서 오물오물 씹는 만두도 큰 위안이 된다. 집 앞 버스 정류장에 어릴 때 보았던 만둣집과 닮은 가게가 있었다. 찜기에서 올라오는 하얀 김 덕분인지 분식집은 늘 바빴다. 퇴근하고 버스에서 내리면 어김없이 마음이 헛

헛하고 배가 고팠다. 그때 분식집에서 산 여섯 알 만두가 든 포장 용기를 들고 집으로 가는 작은 골목에 들어섰다. 그 길에서 만두 한 알을 슬쩍 꺼내 입에 쏙 넣으면 울적한 마음이 잠시 잊힐 정도로 달았다.

만두를 먹는 일도 즐겁지만 만두를 빚는 일도 소중하다. 명절 전 업무로 한창 바쁠 때 친구 보경이 찾아왔다. 손수 빚어 냉동한 만두를 들고서. 그는 늘 별거 아닌데, 로 말을 시작한다.

"별거 아닌데, 구워 먹는 게 더 맛나요."

한마디 말과 만두만 남기고 그는 서둘러 떠났다. 통에 만두가 단정하고도 귀엽게 담겨 있었다. 그가 시키는 대로 노릇하게 구워 뜨거워진 만두를 입에 조심히 물었다. 소에 든 고기와 새우에서 옅은 생강 향이 느껴졌다. 겉은 바삭하고 쫄깃하며, 속은 고소하고 달았다. 맛만 보려고 했는데 순식간에 다 먹고 말았다. 그리고 당장 함께 만두를 더 빚자고 보경에게 말했다. 그도 흔쾌히 우리의 빚기 제안을 수락했다.

　재료를 준비하고 보경을 기다렸다. 보경은 정확한 사람이다. 틀림없이 계량하고 여러 번 시도하고 다른 요리사의 레시피도 신중하게 참고한다. 아니나 다를까 저울과 노트를 들고 나타났다. 시원한 맥주를 한 잔 옆에 둔 채 재료를 다듬기 시작했다. 만두는 생각보다 훨씬 많은 재료가 들어간다. 그리고 재료들 모두 섬세하게 다듬어야 한다. 처음에는 계량해서 만들지만 두세 번 반복하다 보면 내 몸이 저울이 되어 자연스레 감이 잡힌다. 우리는 만두소를 차근차근 순서대로 잔뜩 만들었다. 이제 만두를 빚을 시간이다. 사이좋게 둘러앉아 각자 편한 대열로 만두피와 만두소를 놓는다. 맥주를 한 모금씩 마시며, 만두피를 잡는다. 손은 쉴 새 없이 조물조물 만두의 모양을 잡고, 입은 또 만두를 이야기한다.

　"보경, 궁금한 게 있어요. 만두가 왜 좋아요?"
　"아빠가 만두 킬러라서 옆에서 자주 먹어서 그런가 봐요."
　"이렇게 맛있는 만두는 대대로 전수되어야 한다는 생

각이에요. 이을 대가 없는 게 문제지."

"그렇게 생각해주시니 기쁘지만 그렇게 맛있는가 싶고. 크크크."

"맛있다는 것은 익숙하다는 것일까요?"

"먹었을 때 기억이 좋으면 익숙해지고, 먹을 때마다 좋아요. 저는 같은 것을 반복해서 잘 먹어요. 이를테면 소바 같은 것이 있죠. 저는 비교적 쉬운 일본식 교자를 만들어요. 맥주에 먹으려고 만들다 보니……."

만두를 빚으며 만두 이야기를 밤새 할 수 있을 것 같았다. 하지만 만두 빚기는 곧 마무리되었고, 냉동고 안에 끝없는 만두 이야기 대신 맛있는 만두를 얼려 저장했다. 든든한 기분은 덤이었다.

보경의 만두

: 오래 기억하고, 만들고 싶은

- 다진 돼지고기 (다짐육은 보통 앞다리살을 다져 만든다) 200그램
- 꽃소금 2그램
- 기코만간장 2작은술
- 후추 5번 갈아 넣음(대략 1그램)
- 다진 생강 5그램
- 대파 흰 부분 1센티미터 간격으로 다진 것 50그램
- 물 70밀리터(3~4번 나눠 넣을 분량)
- 5밀리미터 간격으로 자른 부추 30그램
- 다진 양배추 90그램(대파와 같은 크기로 다진 것)
- 참기름 1큰술
- 시판 만두피 20장
- 해동한 새우 7마리

* 20개 기준

* 주의: 채소를 다질 때는 가급적 날이 잘 선 칼을 이용해 다지는 것이 가장 좋다. 푸드프로세서나 무딘 칼을 사용하면 채소의 절단면이 짓

이겨져 식감이 좋지 않고, 풋맛이 나기도 한다. 천천히 하나씩 정성 들여 씻고 손질한다.

1. 다진 돼지고기를 키친타월 위에 올려 고기에서 나오는 핏물이 흡수되도록 한다.

2. 생강은 껍질을 벗기고, 잘게 다져 찬물에 5분 정도 담근다. (생강의 전분기를 제거하기 위해서다. 생강의 식감이 살고 끈끈하고 텁텁한 맛이 사라진다. 다진 생강의 물기를 채에 바쳐 잘 뺀다.)

3. 핏기를 제거한 돼지고기에 소금, 기코만간장, 후추, 다진 생강, 다진 대파를 넣고 골고루 섞는다.

4. 고기소 반죽에 물을 서너 번 나눠 넣는데, 물을 넣고, 가급적 한 방향으로 반죽을 섞는다.

* 왜 한 방향인지 궁금해 찾아보았다. 오미갈수나, 맛탕용 시럽, 달걀물까지 모두 한 방향으로 저으라는 안내를 자주 본다. 액체의 경우, 섞는 방향을 바꿀 경우, 섞이던 것이 다시 뒤로 감겨 잘 섞이지 않게 되므로 한 방향으로 일정하게 섞어야 한다는 답변을 찾았다. 만두소는 액체는 아니지만, 속속들이 물이 스며들도록 한 방향으로 섞는지

도 모르겠다는 결론을 냈다. 고기소 반죽에 넣은 물이 재료에 골고루 스며들도록 조물조물 잘 섞는다. 만두를 베어 물었을 때 나오는 재료의 고소한 물이 이 과정에 있으니, 몹시 중요한 과정이다. 물 대신 돼지기름(라드)을 사용하는 것이 정통이라고 하지만, 물만 넣어도 충분히 맛있다.

5. 충분히 섞이면 다진 부추, 양배추, 참기름을 고기소와 잘 섞이게 골고루 손으로 버무려준다. 다진 채소가 짓이겨지지 않도록 조심히 골고루 섞어 고기소를 완성한다.

6. 만두는 송편을 빚듯 만두소를 만두피에 적당량을 넣고 껍질을 깐 익히지 않은 새우의 몸통을 3 등분한 새우 조각을 고기소 안에 밀어 넣고 만두를 접는다. 만두소에서 만두를 접기 딱 좋은 수분이 나와 만두피가 서로 잘 붙는 편이나, 피가 잘 붙지 않으면 손가락으로 물을 콕 찍어 만두피 가장자리에 묻혀 붙인다.

* 정성스레 만든 만두가 서로 들러붙는 불상사가 생기지 않도록, 만두 사이사이 덧밀가루를 뿌리고, 간격을 두고 저장한다. 만두 사이사이에 유산지를 넣어 저장하는 것도 방법이다. 다 만든 만두는 냉동고에 저장해두고 꺼내 찌거나 구워 먹는다.

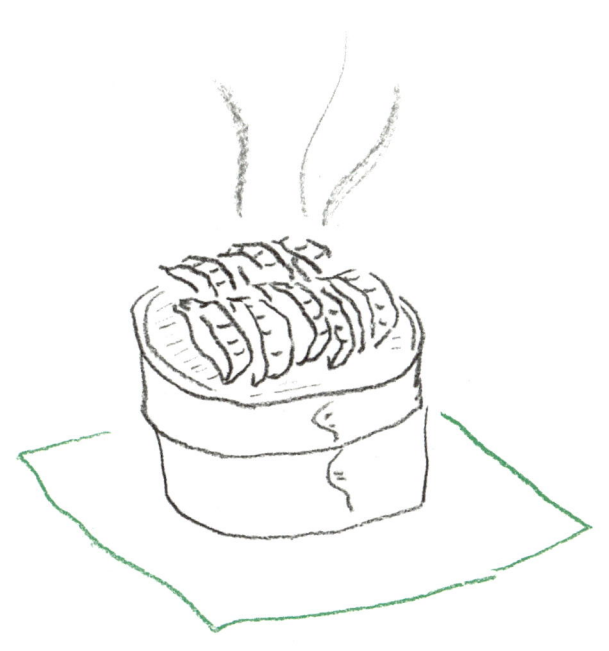

함께 식사

테이블 하나 있는 작은 식당에 각자의 인생을 사는 또래 사람들이 모이면, 바짝 붙어 앉은 거리만큼 금세 가까워진다. 술과 음식을 몸에 채우며 고민을 나눴다. 자연스레 서로가 일하는 식당과 술집으로 자리를 옮겨가며 긴 밤을 났다. 그렇게 만난 사람이 '헤니'다. 그리고 그녀가 어느 날 식당으로 데려온 사람이 '지현'이다.

헤니는 당시 내가 일하는 식당과 멀지 않은 술집에서 근무했다. 그는 만화를 그리고 요리를 잘했다. 팝업 식당을 자주 열었고 요리 만화를 SNS에 올렸다. 우리는 서로의 나이를 몰랐고, 궁금해하지도 않았다. 헤니는 바비큐를 잘하는 술집 주방에서 일했다. 술집 이름은 '댄디 핑크'. 퇴근 후 자연스레 댄디 핑크에 모였다. 그도 모자라면 가까운 친구 집으로 향했고 하품이 연달아 나오면 그때야 택시를 잡아탔다. 우리는 비슷한 전공이었지만 책상 아닌 조리대 앞에 모인 친구들이었다. 우리는 미래를 몰랐고 대비하지도 않았지만 당장 하고 싶은 건 분명히 알았다.

지현은 헤니의 친구다. 이들도 서로의 이름을 불렀고, 나이는 몰랐다. 지현은 어느 날 다니던 회사를 관두더니 짧은 시간 개, 고양이, 페럿을 식구로 들이기 시작했다. 사랑과 외로움이 많았던 걸까. 여유와 배포가 대단했던 걸까. 둘 다일 것이다. 집에 둘 이상의 털 식구를 들인다는 건 둘의 몇 배 되는 용기와 능력이 필요한 일이다. 지현은 동물 식구들이 건강하게 먹을 수 있는 자연 식단에 파고들었다. 그러더니 반려동물을 위한 자연식을 만들어 판매 배송하는 브랜드를 만들었다. 보조제와 사료만 잘 먹이면 된다고 생각했던 내게 지현의 반려동물 자연식은 신선한 충격이었다.

마침 기르는 고양이에게 급성 질환이 생겼다. 지현은 내게 고양이 신선식을 보냈다. 나는 그것을 간절한 마음으로 곱게 갈아 주사기에 넣어 아픈 고양이에게 주었다. 진작 좋은 걸 먹였어야 했다며 후회했고 아프기 전부터 잘 챙겨 먹었을 지현의 반려동물들이 복 받았다고 생각했다. 그럼에도 수명을 다한 페럿들은 지현의 품을 하나둘 떠났다. 그사이 내 고양이도 떠났다. 반려동물과 양육자만이 알 수 있는 각별하고 내밀한 이별의 과정을 우리는 어렴풋이 이해하고 서로의 등을 두드려주었다.

이후 지현은 더 많은 반려동물이 건강히 먹으며 사는 방식을 연구했고 헤니는 맛있고 멋진 음식을 공부하기 위해 고양이들과 프랑스로 떠났다. 나는 식당에서 일하며 요리와 사람에 대해 알아갔다. 그러던 중 한국에 들어왔다는 헤니와 연락이 닿았다. 헤니는 한국에 머무는 동안 일을 돕겠다며 내 사업장에 나왔다. 그리고 몇 주 후 뜻밖의 소식을 전했다. 지현이 희귀병에 걸렸다는 것이었다.

지현은 사업을 정리하고 반려동물 영양학을 본격적

으로 공부해 관련 전문 출판사를 준비하던 차였다. 하지만 코로나가 성행하던 때 병원에 입원하게 됐고, 헤니는 물론 누구도 지현을 만날 수 없었다. 지현의 소식을 전하는 헤니의 목소리에 숨기려 해도 숨길 수 없는 진동이 느껴졌다. 지현은 자신이 겪는 질병의 과정과 모습을 SNS에 구체적으로 전했다. 무거운 마음으로 촘촘한 그의 글을 읽고 또 읽을 뿐이었다. 증세가 나아졌다 다시 위중해지는 과정을 지현의 SNS로 보며 우리의 삶을 떠올렸다. 반려동물이든 인간이든 피할 수 없는 유한함에 먹먹해졌다. 나는 헤니에게 물었다. 혹시 가능하다면, 지현에게 우리가 밥을 지어주면 좋겠다고.

사업장에 지현이 찾아왔다. 하얀 피부에 까만 눈동자가 반짝이고 콧잔등에는 만화처럼 주근깨가 뿌려진 지현이 웃는 얼굴로 문을 열었다. 삭발한 머리에 이제 막 난 머리칼이 보송보송했고, 흉부는 보호대로 단단히 감싼 채였다. 지현은 밝았고 조금 쑥스러워했다. 헤니는 출근 시간 훨씬 전부터 주방에서 파이지를 미느라 열심이었다. 지현이 디저트를 좋아하기 때문이었다. 우리가 함께 알고 지낸

재민도 함께했다. 그는 지현이 운영하던 브랜드 로고를 디자인했었다. 모두가 긴장한 기색이 역력했다. 베라와 (임시 보호 중이던) 고양이 뽀식이가 긴장감을 해소해주었다. 개와 고양이의 체온을 느끼고 털을 쓰다듬으며 이야기를 나누었다.

언제 또 있을지 모를 만남이 애틋하고 아쉬웠다. 하지만 슬픈 기색은 감쪽같이 감추는 사람 넷과 그들과 잘 어울리는 동물 둘이 있었다. 아픈 지현이 코스요리를 싹싹 비웠다. 그는 신기하게 오늘은 다 먹을 수 있겠다고 했다. 식사를 마칠 무렵 지현의 반려인이 도착했다. 그의 빨갛고 촉촉한 눈을 지현의 SNS에서 자주 보았다. 그의 마음을 모두 헤아릴 수 없어 먹먹한 인사를 나누었다. 재민이 기념사진을 찍자고 했다. 무엇을 기념해야 할지 모르겠지만, 우리가 모인 이 순간은 무엇보다 중요했다. 헤니, 지현, 지현의 파트너, 재민, 나, 베라, 뽀식이까지 나란히 서서 감싸안았다. 지현은 헤니가 열심히 밀어 만든 애플파이 상자도 들었다. 그리고 인사했다.

"꼭, 또 만나요!"
"꼭. 또 만나요!"
인사했다.

기어코 웃는 그 얼굴.
다시 만나고 싶다.
만나게 될 것이다.

우리가 보낸 네 시간 남짓의 식사가 몇 년이 지나도록 마음에 남아 있다. 마지막까지 내게 남은 지현은 '기어코 웃는 그 얼굴'이다. 분명한 몸의 고통과 절망 안에서도 기어코 웃는 그 얼굴이 여전히 애달프다. 지현이 SNS에 남긴 무수히 많은 사랑의 언어를 일부 공유하고 싶다. 지현이 외친 사랑이 생사를 건너 여전히 우리를 잇고 있다고 믿는다.

존엄사 합법화 발의 건에 대한 뉴스를 계속해서 찾아보는 내가 있고 이 모든 과정을 끝까지 버텨보려는, 그만큼 사랑한다고 알려주고 싶은 내가 있다. 그리고 마치 지난한 꿈에서 깨어난 듯 식은땀 닦고 일어나니 더는 아프지 않은 어느 날을 상상하는 나도 있다.

웃는 우리

우는 우리

어둡기도 밝기도 한

헤매며

앞뒤로 오가는

위태롭고 용감한

아름다운 우리들

지현의 인스타그램 (@coffeesoyweasels)의

2022년 9월 21일 글 일부

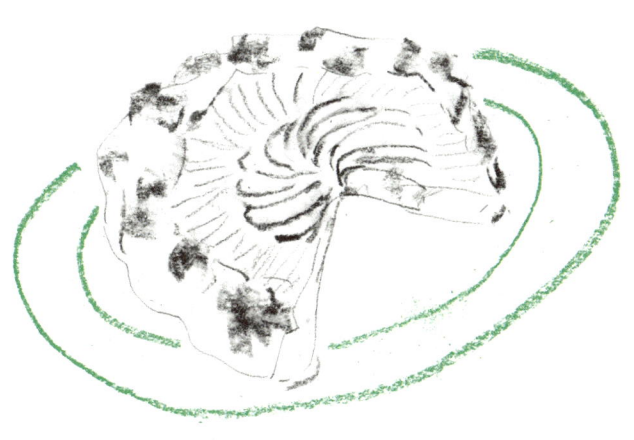

헤니의 사과타르트

헤니는 지현이 맛있는 디저트에 진심인 것을 잘 알았다. 질 좋은 버터를 충분히 넣은 반죽을 열심히 접고 접어 파이지를 만들었다. 직접 만든 파이지는 풍미가 달랐다. 헤니는 작업장의 성능이 좋지 않은 가스 오븐으로도 아주 훌륭한 컨츄리 스타일의 애플파이를 두 판 만들어 한 판은 바닐라아이스크림과 함께 내고, 한 판은 잘 담아 지현에게 건넸다.

파이지

- 중력분 밀가루 160그램
- 덧밀가루 20그램
- 무염버터 170그램(페이장 브레통을 추천한다. 버터의 품질이 맛을 가른다.)
- 얼음물 3큰술(버터+밀가루 반죽이 겨우 뭉쳐질 정도의 양. 차가운 상태로 반죽해야 한다)

고명

- 사과 중간 크기 3~4개(700그램)
- 시판 사과젤리 또는 사과잼 2~3큰술

- 사과글레이즈: 준비한 사과를 다듬고 남은 재료(사과 껍질, 사과 자투리) 껍질과 자투리를 모은 만큼의 백설탕을 넣어 절인 다음 사과물이 나와 촉촉해지면 약불에서 뭉근하게 끓여 사과글레이즈를 만든다. 다 완성된 파이 위에 바르는 용도로 준비한다.
- 살짝 녹인 무염버터 100그램
- 황설탕 30그램

1. 파이지를 만들기위해 준비한 차가운 무염버터를 1.5~2센티미터 정육면체로 잘게 자른다.

2. 큰 볼에 밀가루를 넣고 자른 버터를 골고루 으깨듯 섞는다.

3. 버터 알갱이가 잘게 밀가루와 으깨져 전체적으로 골고루 섞이면, 준비한 얼음물을 겨우 섞일 정도로 나눠 넣으며 반죽을 섞는다. 깨끗한 손 또는 주걱, 감자 매셔 또는 반죽기를 사용한다. 손반죽의 경우, 반죽의 형태가 어느 정도 덩어리로 잡히면, 덧밀가루를 가운데 조금씩 뿌려가며 반죽을 두드리고 거친 사각형 형태를 만든다.

4. 반죽이 바닥에 붙지 않게 밀가루를 가볍게 뿌린 작업대 위에서 거친 사각형 형태의 반죽을 밀대로 밀어 긴 직사각형을 만든다. 반죽의 양 끝을 가운데로 이불 접듯이 접고, 밀고, 다시 접기를 네 번 반복하고 접은 후 마르지 않게 랩핑을 해 두 시간 동안 냉장고에서 차게 식힌다.

5. 두 시간 휴지한 반죽을 꺼내 밀대로 밀고 접기를 두 번 더 하고 랩핑해 한 시간 동안 냉장고에서 차게 식힌다.

6. 차가운 반죽을 작업대 위에서 덧밀가루를 뿌려 올리고 밀대로 35센티미터 원형이 나올 만큼의 크기로 반죽을 민다. 반죽 두께는 2~3밀리미터 정도로 잡는다. 타르트링(35센티미터)을 대고 원형으로 자르거나, 반죽 위를 자로 재어 표시해두고 비슷한 크기로 자른 후 반으로 가볍게 접어 베이킹 시트에 올리고 냉장고에 30분 동안 넣어 잠시 차게 한다.

7. 사과의 껍질을 벗기고 가능한 한 가장 얇게 반달형으로 자른다. (껍질과 씨 있는 기둥 부분도 사과 글레이즈를 만들 용도로 따로 모아둔다.)

8. 200도로 오븐을 예열하고 차게 해둔 반죽을 꺼내 35센티미터 반죽 가운데의 30센티미터 원형에 사과잼을 바른다. 그 위에 얇게 썬 사과를 가지런히 한 방향으로 두르며 쌓아 올린다.

9. 살짝 녹인 무염 버터 100그램을 잘게 자르거나 브러시에 묻혀 골고루 사과 위에 뿌리거나 발라준다. 가장자리의 남은 반죽을 사과를 덮는 방향으로 조심히 접어 파이의 가장자리를 마무리한다. 황설탕을 사과를 중심으로 골고루 뿌린다.

10. 200도로 예열한 오븐에 25~30분 정도 파이에 색이 올라올 때까지 굽고 꺼낸다. 살짝 식으면, 만들어둔 사과 글레이즈를 붓으로 파이 표면에 발라 빛깔을 낸다.

11. 살짝 따끈한 상태에서 바닐라아이스크림을 곁들여 먹는다.

에필로그

음식과 자세

 각각의 에피소드는 항상 내 곁의 존재에서 시작한다. 식당에 취직하며 만난 사장님, 함께 울고 웃으며 일했던 동료들, 사장이 되어 만난 직원들, 내가 밥을 먹이는 사람과 내게 밥을 주는 사람 그리고 함께 사는 개와 사람. 내 이야기는 온통 사람과 동물과 밥이다.

 우리가 먹는 밥은 늘 날씨의 영향을 받는다. 벗어나기 어려운 삶이다. 누구나 느끼고 예상하듯 지구의 날씨가 변하고 있다. 전쟁은 더 빈번해졌다. 여전히 많은 이가 죽고 누군가는 그것으로 돈을 번다. 예전에 흔했던 게 이제는 귀하다. 계절마저 그런 것 같다. 이 와중에도 우리는 사계의 기운을 따라 매 계절 비슷한 음식을 찾는다. 지나치게 이기적이다. 그럼에도 우리 마음속에 적절한 정도와 변치 않는 가치가 있음을 믿는다.

    팬데믹을 통과하며 균형에 대한 감각을 익힌 듯하다. 부딪히고 껴안고 멀어지길 반복하는 삶의 자세를 균형감 있게 잡고 싶다. 글을 쓰는 동안 애써 모르는 척 무심히 넘겨버린 사람과 음식 그리고 마음을 다시 들여다보았다. 숨고 싶을 때가 더 많았지만, 멀찍이 밀어놓은 관계와 시간에 글의 힘을 빌려 악수를 청한다. 우리가 함께 버무린 음식과 음식에 대한 자세를 무작정 미화하지 않고 또렷이 상기하고 싶다. 그 안에서 유머를 잃지 않고 앞으로 바지런히 나아가고 싶다. 더 많은 이와 맛있는 걸 먹으며 다정하게 이야기를 자주 나누고 싶다. 그 이야기를 기억하고 싶다.

2025년 봄

안아라

바지런한 끼니

ⓒ안아라, 2025

초판 1쇄 발행 2025년 5월 9일
초판 2쇄 발행 2025년 6월 26일

지은이 안아라

펴낸곳 (주)안온북스 펴낸이 서효인·이정미
출판등록 2021년 1월 5일 제2021-000003호
주소 서울시 마포구 월드컵로14길 28 301호 전화 02- 6941-1856(7)
홈페이지 www.anonbooks.net 인스타그램 @anonbooks_publishing
디자인 오혜진 본문·표지 그림 방현일 제작 제이오

ISBN 979-11-92638-60-7 (03810)

- 이 책의 내용을 재사용하려면 반드시 사전에 저작권자와
  (주)안온북스의 서면 동의를 받아야 합니다.
- 인쇄, 제작 및 유통 과정에서의 파본 도서는 구입처에서 교환해드립니다.